About Mother
両親のための覚え書き

母の氏名 _____　生年月日 ___ . ___ . ___　職業 _____

父の氏名 _____　生年月日 ___ . ___ . ___　職業 _____

出産予定日　　　　　年　　　　　　月　　　　　　日

自宅住所 _____　自宅電話番号 _____

携帯電話番号 _____　メールアドレス _____

勤務先住所 _____　勤務先電話番号 _____

緊急連絡先
いざというときに慌てないために、
病院や親族の電話番号、住所を控えておきましょう。

かかりつけの病院①	担当医師	電話
		住所
かかりつけの病院②	担当医師	電話
		住所
夜間救急病院		電話
		住所
連絡先①	本人との関係	電話
		住所
連絡先②	本人との関係	電話
		住所
連絡先③	本人との関係	電話
		住所

About Baby
子どものための覚え書き

子の氏名 　　　　　　　　　　　　生年月日　　　．　　．　　　性別

保育園／幼稚園
電話
住所

小学校
電話
住所

かかりつけ医（小児科・内科）
電話
住所

夜間救急病院
電話
住所

耳鼻科
電話
住所

皮膚科
電話
住所

歯科
電話
住所

電話
住所

電話
住所

電話
住所

Contents もくじ

両親のための覚え書き　2
子どものための覚え書き　3
はじめに　5
「12年母子手帳」の使い方　6

My Pregnancy Diary
妊娠期の記録

こんにちは、赤ちゃん！　10
妊娠中の記録　12
両親学級の記録　22
出産準備リスト　24
赤ちゃんのお名前候補　25

〈健やかな妊娠生活のためのアドバイス〉
妊娠の経過　26
妊娠中の日常生活　28
妊娠中の食生活　29
妊娠中のトラブルサイン　30
長距離の移動について　31
妊娠出産や育児をサポートする制度　32

My Parenting Diary
お誕生〜0歳11ヵ月までの記録

お誕生おめでとう　34
赤ちゃんのお名前　38
まわりからいただいたお祝いの言葉　39
赤ちゃんの手形　40
赤ちゃんの足形　41
いただいたお祝いリスト　42
0歳ウィークリーカレンダー　44〜197
はじめて「できた！」記念日　198

My Child's Diary
1歳から12歳までの記録　201〜262

Events for My Child
行事・イベントの思い出　263〜272

For the Health and Well-being of My Child
子どもの心と体を守るアドバイス

〈乳児編〉
0〜6歳までの男の子の発育の目安　274
0〜6歳までの女の子の発育の目安　276
乳児期の成長と育児のポイント　278
赤ちゃんの接し方の基本　282
授乳について　283
赤ちゃんの環境づくり　284
離乳食の進め方の目安　286
赤ちゃんのオーラルケア　288
卒乳について　289
子育て情報やサポートについて　290
仕事復帰に備える　291

〈幼児編〉
幼児期の成長と育児のポイント　296
生活リズムを整えよう　298
トイレトレーニングについて　299
自尊感情を育てよう　300
パパやママの子育て支援　301

〈学童期編〉
学童期の成長とかかわり方　302
小学校の入学準備　304
子どもが思春期を迎えたら　305

〈病気・ケガ〉
子どもの様子がおかしいと思ったら　308
発熱のとき、どうする？　310
嘔吐したら、どうする？　311
咳や鼻水が出たら、どうする？　312
下痢や便秘のとき、どうする？　313
子どもの事故を知っておこう　314
ケガをしたとき、どうする？　315
誤飲したとき、どうする？　316
かかった病気・ケガのリスト　317
アレルギーリスト　320

〈予防接種〉
子どもの健康を守る予防接種について　324
おもな予防接種とワクチンの種類　326

大人になったあなたへ　335

Before We Start
はじめに

おめでとうございます。
いま、あなたはどんな時を過ごしていますか？
赤ちゃんに会える日を、ドキドキ、ワクワクしながら
待ち望んでいるでしょうか。
それとも、生まれたばかりの赤ちゃんとともに、
忙しい日々を送っているでしょうか。
あっという間に成長する子どものようすに、
毎日驚いているでしょうか。
この本は、親になることがわかったその日から、
お子様が12歳になるまでの12年間を書きつづることができる、
スペシャルな「母子手帳」です。
「母」とありますが、もちろんこの手帳は、
パパ、ママ、どちらも使うことができます。
妊娠がわかったとき、パートナーと飛び上がって喜んだこと、
おなかの中の赤ちゃんに話しかけたこと、
たくさんたくさん頑張って赤ちゃんを産んだ日のこと、
みんなが大喜びで赤ちゃんに会いに来てくれたこと、
赤ちゃんが寝てくれなくて一緒に泣いたこと、
はじめて歩き出したときのうれしい気持ち、
一生懸命お話しするようすに大笑いしたこと……。
写真には残せない、忘れたくないその瞬間のすべてを書きとめておきたい。
そんなパパ・ママたちの声に応えて、この手帳は生まれました。
いつの日かお子様が大人になり、巣立つとき、
ぜひこの本を渡してあげてください。

How to Use This Book 「12年母子手帳」の使い方

①妊娠期のできごとを楽しく記録（P10〜）

おなかの中に赤ちゃんがいると、不思議とあたたかな気持ちになりませんか？
自治体で配られる母子手帳には書ききれない、
日々の思いや健診の記録を書いておきましょう。

妊娠がわかったときの気持ちや、おなかの中の赤ちゃんの呼び名、妊娠中によく聴いた音楽や食べたものなどを。

妊婦健診時にもらう赤ちゃんの超音波写真を貼るスペースも。医師や助産師に聞いておきたいことなども忘れずにメモして。

＊注：医療機関でもらう超音波写真は感熱紙に印刷されているため、時間が経つと消えてしまうことも。
そのまま貼らず、スキャンしたり、デジカメで撮影するなどしたものをプリントして貼ると安心です。

②誕生したときの感動を記録（P34〜）

いつか子どもに話してあげたい生まれた日のこと。
ささいなことも、いい思い出になるはず。

生まれたばかりの赤ちゃんの写真とともに、あなたや家族だけの出産ストーリーを残しておきましょう。

名前に込めた思いを書き込んでおき、いつか子どもに伝えてあげるのも素敵です。「口元は○○さん似ね」といった周りからのお祝いの言葉も忘れずに。

③「0歳ウィークリーカレンダー」で、日々のできごとを記録（P44〜）

赤ちゃんのお世話で忙しい日々がスタートします。
毎日の赤ちゃんのようすや健康状態、
感動の瞬間を書き込みましょう。

身長と体重を測ったら
ここに記入。

毎日のおっぱい、排泄、
ねんねなどをメモ。下の
欄には体重やちょっとし
た発見を記録しても。

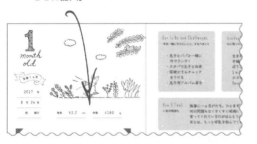
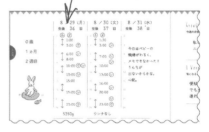

月誕生日を迎えたら、その月にやるべき
ことや、赤ちゃんと一緒にチャレンジし
たいことなどを書き込んでみて。

細かく記録したいときも、そうでないときも自由に
書き込めるカレンダー。右ページには、成長を感じ
た瞬間や思わず笑ってしまったことなどをメモ。写
真を貼ったり、イラストを描いたりしても。

④１歳から３歳までは毎月１ページずつ、４歳から１２歳までは毎年１ページずつ（P202〜）

成長の記録とともに、
今年もお誕生日を迎えられたうれしさを、書きとめておきましょう。
子どもが大きくなったら、一緒に書き込むのも楽しいはず。

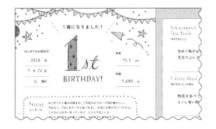

お誕生日の様子や、子どもへのメッセージを
記入しましょう。１歳から３歳までは、月ごと
に、成長や思い出、お気に入りのおもちゃや
キャラクターなどをつづりましょう。

４歳から１２歳までは、１年を通しての成長
や思い出を記録しましょう。子どもの成長が
うれしい半面、さまざまな悩みも出てくる時
期。そういったことも書きとめてみて。

⑤ はじめての思い出やお祝いごと、行事を記録

忘れたくない、はじめて「できた！」記念日や、
子どもの健やかな成長を願うお祝いごと、
学校のイベントなどを残しておきましょう。

はじめて笑った日、「ママ」「パパ」と言って
くれた日……etc。毎日が記念日の連続です。
（P198～）

お祝いごとを開催した場所、参加メンバーを、
写真とともに残しておきましょう。（P264～）

⑥ 準備や計画に便利なリスト

子どもが生まれると、やるべきこと、覚えておくべきことがぐんと増えます！
うっかり忘れないように、さまざまなリストで管理しましょう。

出産に備えて、準備すべきものを
書き出しましょう。（P24）

出産祝いをいただいたら、内祝いをお返しする
のを忘れないように。（P42）

かかった病気やケガを書き出しておく
と、すぐに確認できて便利。（P317）

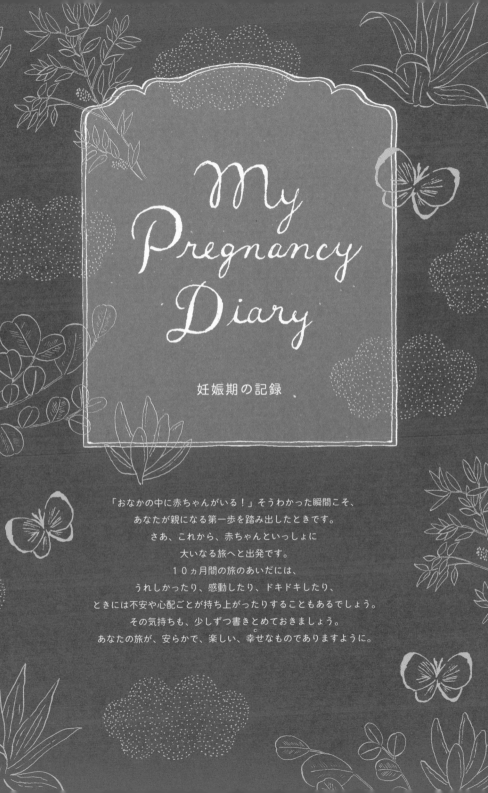

My Pregnancy Diary

妊娠期の記録

「おなかの中に赤ちゃんがいる!」そうわかった瞬間こそ、
あなたが親になる第一歩を踏み出したときです。
さあ、これから、赤ちゃんといっしょに
大いなる旅へと出発です。
10ヵ月間の旅のあいだには、
うれしかったり、感動したり、ドキドキしたり、
ときには不安や心配ごとが持ち上がったりすることもあるでしょう。
その気持ちも、少しずつ書きとめておきましょう。
あなたの旅が、安らかで、楽しい、幸せなものでありますように。

Hello, My Baby!
こんにちは、赤ちゃん！

赤ちゃんを授かったことがわかった日

　　　年　　　月　　　日

出産予定日（分娩予定日）

　　　年　　　月　　　日

妊娠がわかったときの気持ち

パートナーや家族に、どんなふうに伝えましたか？

パートナーや家族の反応は？

周りのみなの反応は？

どんな親になりたいでしょう？

はじめての超音波写真を貼りましょう

おなかの中の赤ちゃんを、
どんなふうに呼んでいましたか？　　　　その理由は？

妊娠中によく聴いた曲

妊娠中によく読んだ本

妊娠中によく食べたもの

おなかの中の赤ちゃんと、日々どんな気持ちで過ごしていますか？
あるいは、パートナーのおなかの中にいる赤ちゃんを想ってどんなことを考えたでしょう？
その気持ちを書きとめておきましょう。
また、病院でもらった超音波写真も貼っておきましょう。
体調や不安に思ったこと、次の健診で質問したいことがあれば、
忘れないように書いておきましょう。

最終月経開始日

　　　年　　　月　　　日

分娩施設

この妊娠の初診日

　　　年　　　月　　　日

出産前後の居住地

はじめて胎動を感じた日

　　　年　　　月　　　日

Memo

分娩予定日

　　　年　　　月　　　日

妊娠3ヵ月

妊娠8週〜11週　　　年　月　日〜　月　日

Memo

超音波写真を貼りましょう

妊婦さんへのアドバイス
体は大きく変化し、いままでにない症状が出ることも。妊婦健診は必ず受けましょう。まだ、それほど多くの栄養を必要としないので、つわりのある人は食べられるものを食べるというスタンスで。

妊娠4ヵ月　　妊娠12週〜15週　　　年　月　日〜　月　日

Memo

超音波写真を貼りましょう

12週をすぎると初期流産のリスクが減り、つわりのピークを過ぎる人も多いはず。仕事をしている人は、産休・育休の予定をそろそろ立てましょう。妊婦健診は4週に1度になります。

妊娠5ヵ月

妊娠16週〜19週　　　年　月　日〜　月　日

Memo

超音波写真を貼りましょう

妊婦さんへのアドバイス
自治体や病院で母親（両親）学級が開催されているので、ぜひ参加を。日本で古くから行われていた安産祈願を行うのもこの頃。妊娠5ヵ月の戌の日に腹帯を巻いて祈願します。

妊娠6ヵ月

妊娠20週〜23週　　　年　月　日〜　月　日

Memo

超音波写真を貼りましょう

妊婦さんへのアドバイス
ほとんどの人が胎動を感じられ、赤ちゃんがいる実感を噛みしめられる頃。身軽なうちに、入院に必要なものやベビー用品のリストアップをしておきましょう。仕事をしている人は保育園探しもスタート。

妊娠7ヵ月　　妊娠24週〜27週　　　年　月　日〜　月　日

Memo

超音波写真を貼りましょう

妊婦さんへのアドバイス
お腹が大きくなると子宮や内臓を圧迫するので、食事は小分けにしたり、消化のいいものにして、無理をせずに。妊婦健診は2週に1度になります。

妊娠8ヵ月

妊娠 28 週〜31 週　　　年　月　日〜　月　日

Memo

超音波写真を貼りましょう

妊婦さんへのアドバイス

お腹がせり出して足元が見えにくくなるので注意。お腹が張ることも多いですが、安静にしておさまるようなら心配はありません。出産後は赤ちゃんの世話に追われるので産後の準備もしておきましょう。

妊娠9ヵ月　　妊娠32週〜35週　　　年　月　日〜　月　日

Memo

超音波写真を貼りましょう

妊婦さんへのアドバイス
お腹が大きくなって息苦しさを感じる人も多いかもしれません。同じ姿勢でいると苦しくなりやすいので、自分にとって楽な姿勢を探しましょう。出産一時金や出産手当金など各種手続きについても確認を。

妊娠 10 ヵ月

妊娠 36 週 〜 39 週　　　年　月　日〜　月　日

Memo

Sweet Dreams

超音波写真を貼りましょう

妊婦さんへのアドバイス
お腹の赤ちゃんが骨盤内に下がってくるので、胃のつかえや呼吸が楽になります。いつ入院しても大丈夫なように、入院準備グッズの場所などは家族にも知っておいてもらいましょう。健診は週に1度に。

妊娠　　ヵ月　　妊娠　　週〜　　週　　　　年　　月　　日〜　　月　　日

Memo

超音波写真を貼りましょう

妊婦さんへのアドバイス
妊娠37週から41週は「正産期」です。39週を超えてもあせらずに、主治医の指示に従いましょう。
妊娠42週目以降を「過産期」といい、胎盤機能が低下したり、羊水の量が減ったりするので注意。

Prenatal Class Notes
両親学級の記録

病院や自治体で、さまざまな「両親学級」が開催されています。
受講したときは、そこで学んだことを書きとめておきましょう。

Notes & Thoughts

Birth Preparation To Do List

出産準備リスト

出産までにしておくべきこと、
買っておくべきものを書き出しておきましょう。

チェック	準備すること・もの	チェック	準備すること・もの
☐		☐	
☐		☐	
☐		☐	
☐		☐	
☐		☐	
☐		☐	
☐		☐	
☐		☐	
☐		☐	
☐		☐	
☐		☐	
☐		☐	
☐		☐	
☐		☐	
☐		☐	
☐		☐	
☐		☐	
☐		☐	
☐		☐	

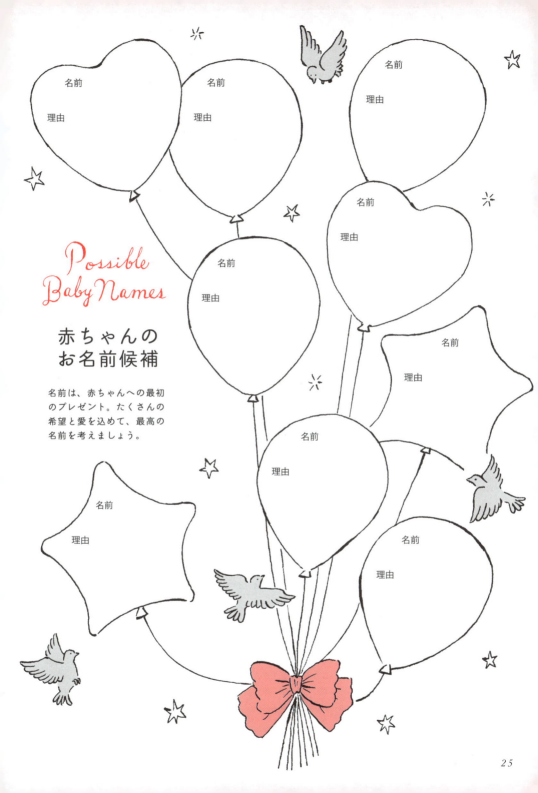

妊娠の経過

自分の妊娠週数にあわせて、日付を書き入れましょう。

妊婦編		妊娠初期			妊娠
	月／週	第2ヵ月 4～7週 （　月　日～）	第3ヵ月 8～11週 （　月　日～）	第4ヵ月 12～15週 （　月　日～）	第5ヵ月 16～19週 （　月　日～）
	赤ちゃんの成長	赤ちゃんはゴマ粒大から1円玉の半分くらいの大きさへと成長。脳や内臓、腕や足も形づくられていきます。	手足の形がはっきりとし3頭身となって心音もしっかり聞こえるようになります。ママの胎盤から栄養をもらいはじめます。	15週頃には胎盤が完成します。骨格や内臓の形態もほぼ完成。骨や筋肉が発達して動きが活発になります。	4頭身になってバランスのとれた体つきに。骨が丈夫になって筋肉もついてきます。産毛や髪の毛も生えます。
	妊婦さんの体の変化	基礎体温は高温期が続き、熱っぽさを感じることも。疲労感や眠気を感じたり、つわり（吐き気やむかつき）などが生じて、「もしかして妊娠かしら？」と考えはじめる人もいます。	つわりの症状が強く出ることもあります。感情の起伏が激しくなったり、乳房が大きくなるなどの変化があります。	お腹が少しずつ膨らみはじめます。体重増加が加速しやすくなる頃です。また、体が老廃物を効率的に排泄しようとするため、頻尿になりやすくなります。	静脈瘤や足のむくみ、腰痛などが起きることも。つわりはそろそろおさまる頃。お腹が大きいと体を動かすのが億劫になりがちですが、適度な運動を心がけると気分転換にもなり急な体重増加を防げます。
	生活上の注意	妊娠の可能性のある人は産婦人科を受診し、喫煙や飲酒の習慣、服用中の薬、嗜好品など、生活全般を見直しましょう。タバコや過激なスポーツはやめ、十分な睡眠を心がけて、食生活もバランスのいいものにシフトして。	つわりのある人は、何回かに分けて少量ずつ食べたり、いやだと思う匂いは避けて、食べられるものを食べるようにしましょう。疲れたら横になるなど、できるだけ体の欲求に応じた生活を送るよう心がけて。	お腹が大きくなりだすので妊娠線の予防をはじめましょう。ホルモンの関係などで便秘しやすくなるので、水分はこまめにとって。また、めまいなども起こりやすくなるので姿勢を変えるときは、ゆっくりと。	胎動を感じられる人もいるので、赤ちゃんとの生活を楽しめる時期。一方、ホルモンの影響で、ささいなことで不安になったり過敏になったりと、感情の起伏が激しくなることも。医師の許可がおりればマタニティスポーツをはじめても。

中期		妊娠後期		
第6ヵ月 20〜23週 (　月　日〜)	第7ヵ月 24〜27週 (　月　日〜)	第8ヵ月 28〜31週 (　月　日〜)	第9ヵ月 32〜35週 (　月　日〜)	第10ヵ月 36〜39週 (　月　日〜)
白いクリーム状の胎脂におおわれます。消化器や泌尿器などの器官が発達し、各部位が成熟してきます。	羊水の中で元気に動き回ります。光や音を感じられ、脳も発達して自分で動きをコントロールできるように。	生きていくのに最低限、必要な機能がほぼ完成します。誕生後に備えて肺呼吸の練習をはじめます。	全身をおおっていた胎脂や産毛が減り、体つきがふっくらとして外見上は新生児とほぼ同じようになります。	皮下脂肪が完全について骨盤の中でお産に向けた体位に。動きが小さくなるので胎動を感じにくくなります。
ほとんどの人が胎動を感じるようになります。乳輪の色が濃くなったり、足のむくみやこむらがえりなどが起きることも。お腹が大きくなるので腰痛になりやすくなります。	体調は比較的安定する時期ですが、お腹が大きくなるにつれて消化不良や胃の張り感、胸やけなどの不快な症状が出ることもあります。妊娠線が出やすくなるのもこの時期。	胎動が激しくなります。おりものの増加や動悸、息切れなどが起こることもあります。	子宮がより大きくなるので、胃がムカムカしたり、頻尿になったりします。お腹の皮膚がかゆくなる人も。また、くしゃみなどの軽い刺激で尿がもれることもあります。	出産に備えて、赤ちゃんの位置が下がるので、呼吸や胃のつかえが少し楽になります。ただ、膀胱が圧迫されるので、引き続き頻尿や尿もれは起こりやすくなります。
快適に過ごすために、ゆったりとした服に替えていきましょう。虫歯などがある人は早めに治療をしておきましょう。歯科治療の際は、必ず妊娠していることを伝えて。	動作がゆっくりになるので時間に余裕をもって行動を。長時間同じ姿勢でいることは避けて、血液循環をよくしましょう。仰向けで寝るのがつらいときは、左側を下にした横向きなどがおすすめです。	お腹がせり出して、足元が見えにくくなるので、段差などのあるところは慎重に行動を。飛行機に乗るような長距離の移動は主治医に相談を。いつ出産になってもいいように、準備をはじめましょう。	疲労がたまるとお腹が張りやすくなるので、疲れを感じたら、無理をせずに体を休めましょう。	出産が近づいているので、あまり予定を入れずにゆったりと過ごしましょう。おしるしや破水など、出産のきざしに注意。入院したら連絡する人のリストを家族と共有しておくといいでしょう。

妊娠中の日常生活

普段の生活との違いとは？

妊娠中は母親と赤ちゃんの二人三脚です。健やかな赤ちゃんの成長と出産のために、特に気をつけておきたい点について触れていきます。まず喫煙習慣のある人は、妊娠を機にやめましょう。タバコを吸っている人は吸わない人に比べて、流産や早産、合併症などのリスクが高いことが明らかになっています。母体だけでなく胎児の血流が悪くなり、赤ちゃんの発育が悪くなるというリスクもあります。持病で薬を常用している人は、主治医にまず相談をしましょう。たとえば、血圧の薬の一種、てんかんの薬の一種、血液を固まりにくくする薬「ワルファリン」などは妊娠経過に影響するかもしれない薬ですが、勝手に内服をやめることで母子ともに危険にさらされることもあります。妊娠期の服薬については以下で情報提供と相談を受けつけています。

『国立成育医療研究センター　妊娠と薬情報センター』
https://www.ncchd.go.jp/kusuri/

激しい運動をする習慣があったり、自転車を頻繁に使ったりする人は注意が必要。ペダルをこいだり運動したりするときはお腹に力が入りますし、体のバランスが妊娠前と変わっているため、思わぬ事故につながることも。車の運転も、慣れた道などでは問題ないでしょうが、妊娠中は注意力が低下するので必要最小限にしましょう。重い物を持つときもお腹に力が入るので、なるべく持たずにすむよう、買い物はまとめ買いはせずに、ネットスーパーや通販を利用したりするなどの工夫を。

とはいえ、たくさんの酸素を体内にとり入れる有酸素運動は、赤ちゃんの発育を促すばかりでなく、ママの体重の増えすぎも予防してくれます。おしゃべりができる程度の速さのウォーキングなど、体に負荷のかからないものがおすすめです。

その他は基本的に普段と変わらない生活をして大丈夫ですが、無理はしないことをモットーにしましょう。

仕事をしているときに気をつけること

妊娠していることがわかったら、妊娠期間を安全に過ごすために、仕事中もこまめに休憩をとれるような態勢を整えていきましょう。たとえデスクワークでも、疲労はいつも以上にたまります。

妊娠中は、混んだ電車などを避けて通勤するための時差通勤や勤務時間の短縮、健診などに通うための通院休暇制度、疲れの少ない仕事に変わるための配置転換などができるよう、法律で定められています。

会社としても、あなたが産休・育休をとったときの人員確保などをする必要があるので、妊娠がわかったら早めに上司に伝えるようにしましょう。エコーで胎児の心拍を確認できる妊娠6〜10週頃に報告をする人が多いようです。妊娠中だけでなく、産後の育児と仕事の両立のためには、職場の理解は必須なことのひとつ。周囲からの協力が得られるような心配りをしましょう。

出産を機に家族のカタチは大きく変わります。この大きな転換期こそ、パートナーと今後について話すチャンスです。

近年、夫の定年のタイミングで熟年離婚が多いのは、それまで夫婦が生き方について共有せずにきたため、すれ違いが修復不可能になってしまったことなども要因のひとつといわれています。

出産後、どんな働き方をするのか、その後、2人目3人目の子どもはどうするのかなどについても、話しあっておきましょう。自分だけの考えに固執するのではなく、新たに増える家族の存在も含めて、今後、どんな人生をパートナーと歩んでいきたいのか、2人のキャリアデザインとライフプランについて話しあいましょう。

妊娠中の食生活

体重増加の目安

妊婦の食生活の基本は、バランスのいい食事。赤ちゃんの発育のためにしっかりと栄養をとることは大事ですが、つわりのひどい時には何でもいいので食べられる物を食べましょう。ただし体重を増やさないことが目的ではありません。妊婦さんの栄養状態が悪いと低出生体重児が生まれやすくなります。妊婦さんと赤ちゃんの栄養が不足しないよう、適切な範囲の体重増加が望ましいですね。

■ BMI算出方法 ■

体重 [kg] ÷ 身長 [m] ÷ 身長 [m] = BMI ( )

■ 妊娠前のBMIから体重増加の目安を知っておこう ■

妊娠前の体格区分	推奨体重増加量	妊娠中期から後期の1週間あたりの推奨体重増加量
低体重（やせ）：BMI 18.5 未満	12～15kg	0.3～0.5kg
普　通：BMI 18.5 以上～ 25.0 未満	10～13kg [※1]	0.3～0.5kg [※1]
肥　満：BMI 30 未満	7～10kg	個別対応

※1 体格区分が「普通」の場合で、BMIが「低体重」に使い場合は推奨体重増加量の上限側に近い範囲を、「肥満」に近い場合は推奨体重増加量の下限側に近い範囲を目安とすることが望ましいです。

食生活の注意点

妊娠中だからと特別な食事は必要ありません。主食を中心に不足しがちなビタミン・ミネラル類をたっぷりととりましょう。特に鉄分、カルシウム、葉酸、食物繊維は多めにとりたいですが、ビタミンAのとりすぎに注意。妊娠初期にサプリメントなどで多量にとると胎児に影響が出る危険性があります。

つわりで食が進まなくても、それは一時的なものなので気にせずに。つわりがおさまるまでは食べられるものを自分のペースでとるというスタンスで大丈夫です。

妊娠中は、生肉、生ハム、刺身、生牡蠣、無殺菌の牛乳・チーズはやめましょう。トキソプラズマやリステリア菌に感染するリスクがあります。手作りの酵素ジュースや発酵食品も雑菌が入り込む危険性が。マグロなどの大きな魚は水銀が蓄積している可能性があるので、食べるのは少量にしましょう。コーヒーや紅茶、お茶などに含まれるカフェインは、大量にとると、流産や低出生体重児のリスクがあることがわかっています。コーヒーなら1日に2杯程度にしたほうがいいでしょう。お酒は赤ちゃんの器官が形成される妊娠5週から11週に飲むと赤ちゃんの発育リスクが生じるので控えましょう。

妊娠中のトラブルサイン

受診が必要なトラブルサインは？

妊娠中、いつもと違った症状に見舞われたら、産婦人科を受診すべきか様子を見るべきか不安になるもの。妊娠の経過（P26）でも起こりがちな症状について触れていますが、ここではどんな症状になったら受診すべきか目安をご紹介します。緊急で受診するときは誰かにつき添ってもらうか、タクシーなどを利用しましょう。

● お腹の張り
お腹の張りを感じたら、できれば横になって様子を見ましょう。おさまっていくようなら心配はありません。安静にしても痛みがおさまらなかったり、熱が伴ったり、お腹がかたい場合は流産や早産のリスクも考えられるので受診を。

● 出血
量が少なければ心配のない場合もありますが、量が多いときはまず主治医に電話などで連絡をとり、相談しましょう。

● 転倒
もしも転んでしまったら、出血やお腹の痛み、破水などがないか、また胎動がはじまったあとなら胎動は感じられるかを確認。これらに異常があるときはすぐに受診を。お腹を打っている可能性があれば遅くとも翌日までに受診しましょう。

● 頭痛
強い頭痛が続いたり、目がチカチカするような痛みの場合は妊娠高血圧症候群の可能性も考えられるので受診を。

● 胎動が感じられない
昨日まで胎動をよく感じていたのに、今日は何も感じられないというときは、何らかの理由で赤ちゃんの元気がなくなっている可能性もあります。まずは主治医に電話などで連絡し、指示をあおいでください。

● 破水
赤ちゃんを包んでいる卵膜が破れて羊水が流れ出てくることを破水といいます。温かな液体が流れ出てきたと思ったら破水かもしれません。ナプキンやバスタオルをあてて横になり、主治医に連絡をとってタクシーなどで移動しましょう。

起こりがちなマイナートラブル

上記は受診が必要な場合ですが、妊娠初期から出産までにはたくさんの気になる症状が起こります。それらはマイナートラブルと呼ばれ、ざっとあげただけでも、下のようにかなりの数になります。

つわり／息切れ／足のつり／むくみ／静脈瘤／便秘／痔／冷え／頻尿・尿もれ／貧血／腰痛／妊娠線／眠気／シミ／匂いに敏感になる／涙もろくなる／そけい部や恥骨が痛む／体毛が濃くなる／唾液が増える

どの症状も妊娠したら起こりうることです。足のつり、むくみ、軽度の静脈瘤の場合は、適度な運動や入浴などで血行をよくするといいでしょう。頻尿や尿もれは、骨盤底筋を鍛えるエクササイズをすると改善しますが、一時的に尿もれパッドを使うのも手。

すべてをすっきりと解決させることはむずかしいですが、主治医に相談して、さまざまな対処法を試してみましょう。

長距離の移動について

里帰り出産や産後のサポート

　実家に里帰りして出産する「里帰り出産」をする人も多いでしょう。はじめての出産で不安がいっぱいの時に、実家の家族に手助けしてもらえる里帰り出産は安心感があります。また産後も育児や家事にムリすることなく、体調の回復をはかることができます。

　一方、里帰り出産はパートナーの育児に関わるチャンスが遅れたり、2人で育てていこうという自覚が薄くなるという側面も。また自宅に戻ってから、2人で赤ちゃんの世話や家事などをするペースを築くのが大変だったという声も聞かれます。里帰り出産を予定している人は、メリットを享受しつつも、実家に甘えすぎないというスタンスが大切でしょう。

　里帰り出産を考えている人は、できるだけ早く転院先の情報収集をして、分娩予約をしましょう。分娩施設が限られている地域や人気の医療機関では、分娩が集中するので早め早めの準備が安心です。

　里帰りの時期は、実家までの距離や移動手段にもよりますが、妊娠34週あでに転院したいもの。臨月に入ると飛行機に搭乗できないこともあります。転院先が決まったら、健診に通っている施設に伝え、時期などの指示をあおぎましょう。

　産前・産後を自宅で過ごす場合は、産後の家事や育児を支援する産後（産褥）ヘルパーを利用するという手もあります。東京都のある自治体の例を見てみると、出産後の退院翌日から2ヵ月間の間で15日を上限に、料理や掃除、洗濯、買い物、沐浴の手伝いなどのサービスを受けられます。利用料は1時間1500円と交通費。利用の条件や金額は自治体によって異なりますので調べてみましょう。民間でも産後ヘルパーサービスは行われています。

妊娠中の旅行の注意点

　妊娠中期に入り、体調が落ちついていたら、ゆっくり旅行に行くのもいいでしょう。ただ妊婦さんの体に負担のないように、移動は1時間以内にしておくと安心です。それ以上かかるようなら、主治医に相談しながら無理のないスケジュールを立てましょう。

　妊娠中の海外旅行はおすすめしませんが、もしも行くのなら、お腹の中の赤ちゃんの分も保険がカバーしているか確認を。

　母子健康手帳と健康保険証は必ず携帯します。産婦人科はほかの医師では代行がきかないので、旅先に産婦人科があるかを確認しておくと安心です。車での移動なら、ずっと乗り続けるのではなく、休憩をこまめに。飛行機の場合は、血栓症予防のためにも水分をよくとり、ときどき体を動かすといいでしょう。

　温泉はリラックス効果があっていいのですが、浴場はすべりやすいので、手すりなどを利用して、転倒にはくれぐれも注意してください。

妊娠出産や育児をサポートする制度

出産前のサポート

妊娠は病気ではないため健康保険は適用されません。そのため妊婦健診費は基本的に自己負担ですが、すべてが自費では10万円以上の出費になってしまうので、妊婦健診など出産前の家庭へのサポートが行われています。

● 妊婦健診費の助成

健診費用は施設によって異なりますが、平均して1回3000～8000円。検査が多いときは10000円を超す場合もあります。3ヵ月で産婦人科を訪れて何事もなく出産をしてもおおよそ13～14回ほどの健診を受けるのが一般的。そのため、ほとんどの自治体で健診費用の助成を行っています。助成の内容は自治体によって異なるので、母子健康手帳をもらうときなどに確認を。

● 傷病手当金

妊娠している人に限った制度ではありませんが、ママが勤務先の健康保険（共済組合）に加入していれば、妊娠中、仕事を休んだときでも報酬が保証されます。切迫流産や切迫早産、妊娠高血圧症候群で入院したり、医師の指示で安静にするため、4日以上仕事を休まざるを得なくなったときなどに申請することが可能。支給額の目安は、賃金日額の2/3です。

出産後のサポート

出産後も子育て家庭を支援する制度があります。分娩費用のほか、子どもの健康を守るためのサポート、次代を担う子どもを育成する家庭をサポートする制度などが代表的なものです。

● 出産育児一時金

正常分娩の場合は健康保険は適用されません。その代わりに原則として赤ちゃん1人につき、50万円（産科医療補償制度に未加入の医療機関での出産の場合は48.8万円）が給付されます。妊娠4ヵ月以上の流産・死産も対象となります。

● 児童手当

中学生までの子どもを養育する家庭に、3歳未満1人当たり月額1万5000円、3歳以上1万円（第3子以降、小学校修了まで1万5000円）を支給。所得制限を超える家庭の場合は一律子ども1人当たり5000円が支給されます。

● 出産手当金

産後も仕事を続けるママの産休中の生活を支援する制度。目安として、日給の2/3×休んだ日数分（最長98日）が勤め先の健保から支給されます。

● 未熟児養育医療制度

出生体重が2000g以下の場合や、黄疸などの症状で入院加療の必要があると医師が認めた場合、その入院・治療費を自治体が助成します。

● 乳幼児医療費助成

子どもの医療費を自治体が助成。対象年齢は3歳～高校卒業までなど、自治体ごとにさまざま。

My Parenting Diary

お誕生〜
0歳11ヵ月までの
記録

待ちに待った赤ちゃんに会うことができた日。
あなたやパートナーの人生に、またひとつ大切な記念日が増えました。
生まれたての赤ちゃんを静かに見つめるとき、
どんなことを感じているでしょう?
たくさん頑張ったあなたの出産ストーリーと、
小さな赤ちゃんと過ごすあたたかな日々を、
ここに書きとめておきましょう。

Welcome, My Baby!

お誕生おめでとう

| 生まれた日時 | 年　　　月　　　日　　　時　　　分 |

生まれてすぐの赤ちゃんの写真を貼りましょう

| 性別 | 身長　　　　cm | 体重　　　　g |
| 胸まわり　　　cm | 頭まわり　　　cm |

妊娠期間　　　妊娠　　　週　　　日

分娩方法

分娩所要時間

生まれた場所

担当のお医者さん・助産師さん・看護師さん

陣痛が始まってから生まれるまでのようす

はじめて赤ちゃんを見たときの気持ち

ついに赤ちゃんに会うことができました！
そのときの気持ちや、赤ちゃんの第一印象などを書きとめておきましょう。

生まれた日のこと

赤ちゃんが生まれた日の天気、トップニュース、上映していた映画、
話題の人物やテレビ番組などを書きとめておきましょう。

生まれたときの思い出いろいろ

はじめての授乳や入院生活のこと、パートナーと話しあったことなど、
印象的なできごとを残しておきましょう。
写真や記事などをコラージュするのもおすすめです。

My Baby's Name

赤ちゃんのお名前

名前をつけた人

名前がついた日　　　　年　　　月　　　日　　　曜日

名前に込めた思い

Congratulatory Messages

まわりからいただいた
お祝いの言葉

My Baby's Handprint
赤ちゃんの手形

生まれたばかりの赤ちゃんの手形を押しましょう。

My Baby's Footprint
赤ちゃんの足形

生まれたばかりの赤ちゃんの足形を押しましょう。

いただいた お祝いリスト

妊娠中から出産後にかけて
いただいたお祝いの品を、
忘れないように
記録しておきましょう。

日付	名前	いただいた品物／およその金額	内祝いの品	チェック

日付	名前	いただいた品物／およその金額	内祝いの品	チェック

0ヵ月

0歳

0ヵ月

1週目

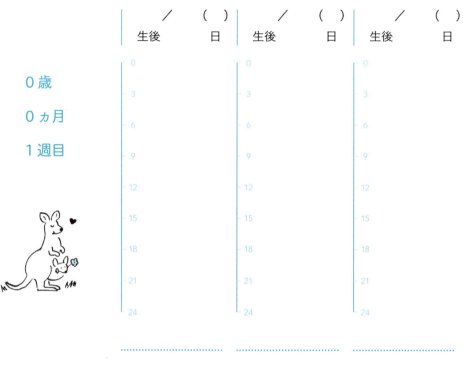

Growth Record
今週の成長記録

Things Interesting or Amazing
おもしろかったこと／感動したこと

I Worry About
気になること／お悩み

Favorite Things
いまのお気に入り

0ヵ月

0歳

0ヵ月

2週目

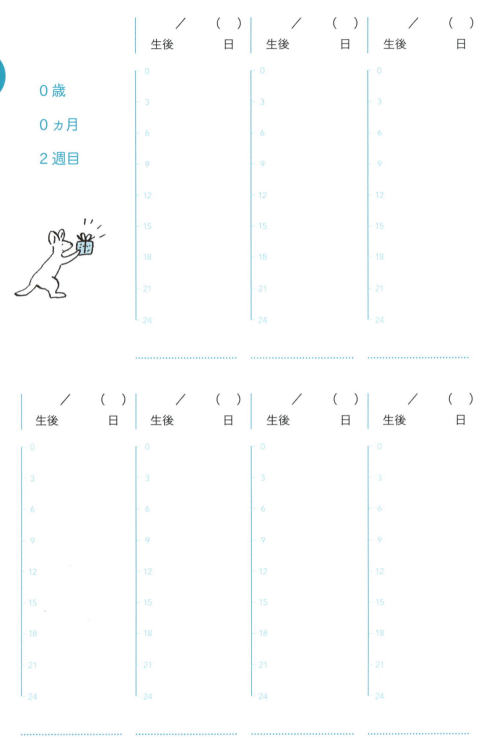

/ ( )
生後　　　日

/ ( )
生後　　　日

/ ( )
生後　　　日

/ ( )
生後　　　日

/ ( )
生後　　　日

/ ( )
生後　　　日

/ ( )
生後　　　日

Growth Record
今週の成長記録

Things Interesting or Amazing
おもしろかったこと／感動したこと

I Worry About
気になること／お悩み

Favorite Things
いまのお気に入り

0ヵ月

0歳

0ヵ月

3週目

/ ( ) 生後 日	/ ( ) 生後 日	/ ( ) 生後 日
0 3 6 9 12 15 18 21 24	0 3 6 9 12 15 18 21 24	0 3 6 9 12 15 18 21 24

/ ( ) 生後 日	/ ( ) 生後 日	/ ( ) 生後 日	/ ( ) 生後 日
0 3 6 9 12 15 18 21 24	0 3 6 9 12 15 18 21 24	0 3 6 9 12 15 18 21 24	0 3 6 9 12 15 18 21 24

Growth Record
今週の成長記録

Things Interesting or Amazing
おもしろかったこと／感動したこと

I Worry About
気になること／お悩み

Favorite Things
いまのお気に入り

0ヵ月

0歳

0ヵ月

4週目

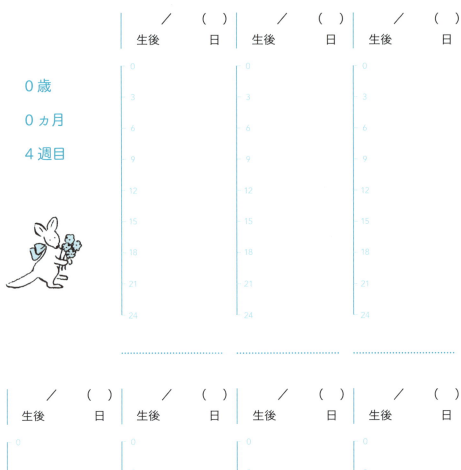

Growth Record
今週の成長記録

Things Interesting or Amazing
おもしろかったこと／感動したこと

I Worry About
気になること／お悩み

Favorite Things
いまのお気に入り

0ヵ月

0歳

0ヵ月

5週目

/ ( )	/ ( )	/ ( )
生後　　日	生後　　日	生後　　日
0	0	0
3	3	3
6	6	6
9	9	9
12	12	12
15	15	15
18	18	18
21	21	21
24	24	24

/ ( )	/ ( )	/ ( )	/ ( )
生後　　日	生後　　日	生後　　日	生後　　日
0	0	0	0
3	3	3	3
6	6	6	6
9	9	9	9
12	12	12	12
15	15	15	15
18	18	18	18
21	21	21	21
24	24	24	24

Growth Record
今週の成長記録

Things Interesting or Amazing
おもしろかったこと／感動したこと

I Worry About
気になること／お悩み

Favorite Things
いまのお気に入り

1 month old

生後1ヵ月

_____ 年

_____ 月　　日

_____ 曜日　　身長 _____ cm　　体重 _____ g

生後1ヵ月の写真を貼りましょう

Our To Do and Challenges
今月一緒にやりたいこと、するべきこと

Wonderful Memories
心に残ったこと

How I Feel
いまの気持ち

Notes & Thoughts

0歳
1ヵ月
1週目

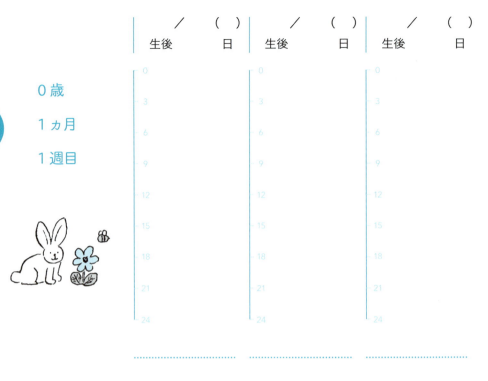

Growth Record
今週の成長記録

Things Interesting or Amazing
おもしろかったこと／感動したこと

I Worry About
気になること／お悩み

Favorite Things
いまのお気に入り

0歳
1ヵ月
2週目

Growth Record
今週の成長記録

Things Interesting or Amazing
おもしろかったこと／感動したこと

I Worry About
気になること／お悩み

Favorite Things
いまのお気に入り

0歳
1ヵ月
3週目

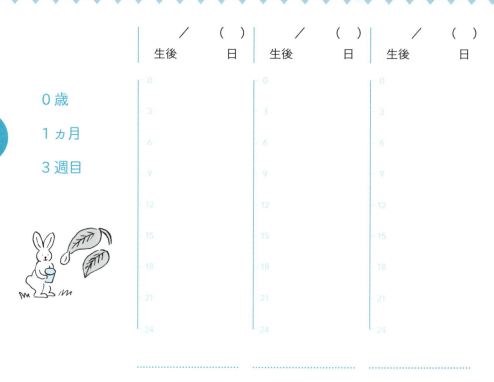

Growth Record
今週の成長記録

Things Interesting or Amazing
おもしろかったこと／感動したこと

I Worry About
気になること／お悩み

Favorite Things
いまのお気に入り

1ヵ月

0歳
1ヵ月
4週目

　　　／　　（　）
生後　　　　　日

　　　／　　（　）
生後　　　　　日

　　　／　　（　）
生後　　　　　日

　　　／　　（　）
生後　　　　　日

　　　／　　（　）
生後　　　　　日

　　　／　　（　）
生後　　　　　日

　　　／　　（　）
生後　　　　　日

Growth Record
今週の成長記録

Things Interesting or Amazing
おもしろかったこと／感動したこと

I Worry About
気になること／お悩み

Favorite Things
いまのお気に入り

0歳

1ヵ月

5週目

1ヵ月

/ ( ) 生後　　　日	/ ( ) 生後　　　日	/ ( ) 生後　　　日
0 3 6 9 12 15 18 21 24	0 3 6 9 12 15 18 21 24	0 3 6 9 12 15 18 21 24

/ ( ) 生後　　　日	/ ( ) 生後　　　日	/ ( ) 生後　　　日	/ ( ) 生後　　　日
0 3 6 9 12 15 18 21 24	0 3 6 9 12 15 18 21 24	0 3 6 9 12 15 18 21 24	0 3 6 9 12 15 18 21 24

Growth Record
今週の成長記録

Things Interesting or Amazing
おもしろかったこと／感動したこと

I Worry About
気になること／お悩み

Favorite Things
いまのお気に入り

2 months old

生後2ヵ月

_____ 年

_____ 月 _____ 日

_____ 曜日   身長 _____ cm   体重 _____ g

生後2ヵ月の写真を貼りましょう

Our To Do and Challenges
今月一緒にやりたいこと、するべきこと

Wonderful Memories
心に残ったこと

How I Feel
いまの気持ち

Notes & Thoughts

0歳

2ヵ月

1週目

Growth Record
今週の成長記録

Things Interesting or Amazing
おもしろかったこと／感動したこと

I Worry About
気になること／お悩み

Favorite Things
いまのお気に入り

0歳

2ヵ月

2週目

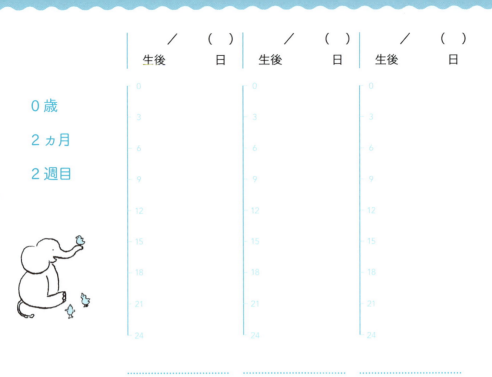

Growth Record
今週の成長記録

Things Interesting or Amazing
おもしろかったこと／感動したこと

I Worry About
気になること／お悩み

Favorite Things
いまのお気に入り

0歳

2ヵ月

3週目

/ ( ) 生後 日	/ ( ) 生後 日	/ ( ) 生後 日
0 3 6 9 12 15 18 21 24	0 3 6 9 12 15 18 21 24	0 3 6 9 12 15 18 21 24

/ ( ) 生後 日	/ ( ) 生後 日	/ ( ) 生後 日	/ ( ) 生後 日
0 3 6 9 12 15 18 21 24	0 3 6 9 12 15 18 21 24	0 3 6 9 12 15 18 21 24	0 3 6 9 12 15 18 21 24

Growth Record
今週の成長記録

Things Interesting or Amazing
おもしろかったこと／感動したこと

I Worry About
気になること／お悩み

Favorite Things
いまのお気に入り

0歳

2ヵ月

4週目

| / ( ) 生後 日 | / ( ) 生後 日 | / ( ) 生後 日 |

| / ( ) 生後 日 | / ( ) 生後 日 | / ( ) 生後 日 | / ( ) 生後 日 |

Growth Record
今週の成長記録

Things Interesting or Amazing
おもしろかったこと／感動したこと

I Worry About
気になること／お悩み

Favorite Things
いまのお気に入り

0歳

2ヵ月

5週目

Growth Record
今週の成長記録

Things Interesting or Amazing
おもしろかったこと／感動したこと

I Worry About
気になること／お悩み

Favorite Things
いまのお気に入り

3 months old

生後3ヵ月

年

月　　日

曜日　　　身長　　　　　cm　　体重　　　　　g

生後3ヵ月の写真を貼りましょう

Our To Do and Challenges
今月一緒にやりたいこと、するべきこと

Wonderful Memories
心に残ったこと

How I Feel
いまの気持ち

Notes & Thoughts

0歳
3ヵ月
1週目

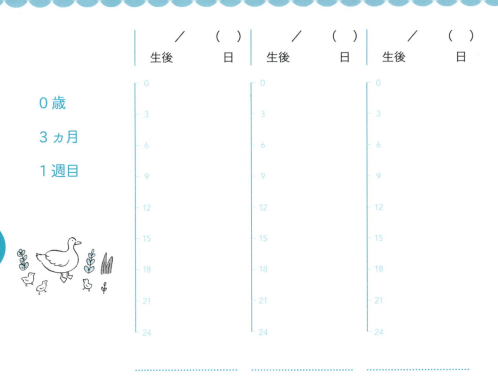

/ ( ) 生後 日	/ ( ) 生後 日	/ ( ) 生後 日
0 3 6 9 12 15 18 21 24	0 3 6 9 12 15 18 21 24	0 3 6 9 12 15 18 21 24

/ ( ) 生後 日	/ ( ) 生後 日	/ ( ) 生後 日	/ ( ) 生後 日
0 3 6 9 12 15 18 21 24	0 3 6 9 12 15 18 21 24	0 3 6 9 12 15 18 21 24	0 3 6 9 12 15 18 21 24

Growth Record
今週の成長記録

Things Interesting or Amazing
おもしろかったこと／感動したこと

I Worry About
気になること／お悩み

Favorite Things
いまのお気に入り

0歳

3ヵ月

2週目

/ ( ) 生後　　　　日	/ ( ) 生後　　　　日	/ ( ) 生後　　　　日
0 3 6 9 12 15 18 21 24	0 3 6 9 12 15 18 21 24	0 3 6 9 12 15 18 21 24

/ ( ) 生後　　　日	/ ( ) 生後　　　日	/ ( ) 生後　　　日	/ ( ) 生後　　　日
0 3 6 9 12 15 18 21 24	0 3 6 9 12 15 18 21 24	0 3 6 9 12 15 18 21 24	0 3 6 9 12 15 18 21 24

Growth Record
今週の成長記録

Things Interesting or Amazing
おもしろかったこと／感動したこと

I Worry About
気になること／お悩み

Favorite Things
いまのお気に入り

0歳

3ヵ月

3週目

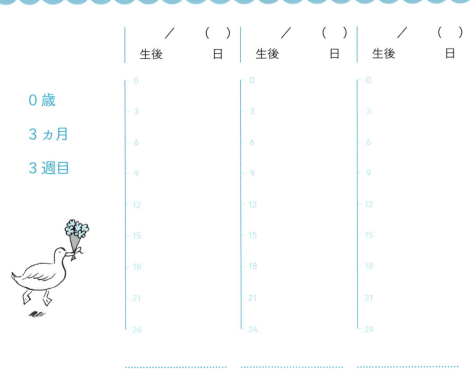

/ ( )　　　/ ( )　　　/ ( )
生後　　　日　　生後　　　日　　生後　　　日

0　　　　　　　0　　　　　　　0
3　　　　　　　3　　　　　　　3
6　　　　　　　6　　　　　　　6
9　　　　　　　9　　　　　　　9
12　　　　　　12　　　　　　12
15　　　　　　15　　　　　　15
18　　　　　　18　　　　　　18
21　　　　　　21　　　　　　21
24　　　　　　24　　　　　　24

/ ( )　　　/ ( )　　　/ ( )　　　/ ( )
生後　　日　　生後　　日　　生後　　日　　生後　　日

0　　　　　0　　　　　0　　　　　0
3　　　　　3　　　　　3　　　　　3
6　　　　　6　　　　　6　　　　　6
9　　　　　9　　　　　9　　　　　9
12　　　　12　　　　12　　　　12
15　　　　15　　　　15　　　　15
18　　　　18　　　　18　　　　18
21　　　　21　　　　21　　　　21
24　　　　24　　　　24　　　　24

Growth Record
今週の成長記録

Things Interesting or Amazing
おもしろかったこと／感動したこと

I Worry About
気になること／お悩み

Favorite Things
いまのお気に入り

0歳

3ヵ月

4週目

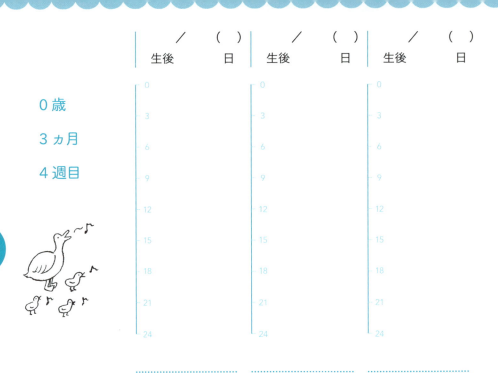

Growth Record
今週の成長記録

Things Interesting or Amazing
おもしろかったこと／感動したこと

I Worry About
気になること／お悩み

Favorite Things
いまのお気に入り

0歳

3ヵ月

5週目

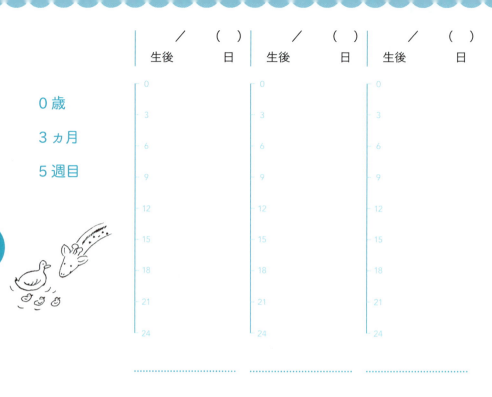

Growth Record
今週の成長記録

Things Interesting or Amazing
おもしろかったこと／感動したこと

I Worry About
気になること／お悩み

Favorite Things
いまのお気に入り

4 months old

生後4ヵ月

_____年
_____月 _____日
_____曜日
身長 _____cm
体重 _____g

生後4ヵ月の写真を貼りましょう

Our To Do and Challenges
今月一緒にやりたいこと、するべきこと

Wonderful Memories
心に残ったこと

How I Feel
いまの気持ち

Notes & Thoughts

0歳

4ヵ月

1週目

/ ( ) 生後　　　日	/ ( ) 生後　　　日	/ ( ) 生後　　　日
0 3 6 9 12 15 18 21 24	0 3 6 9 12 15 18 21 24	0 3 6 9 12 15 18 21 24

/ ( ) 生後　　　日	/ ( ) 生後　　　日	/ ( ) 生後　　　日	/ ( ) 生後　　　日
0 3 6 9 12 15 18 21 24	0 3 6 9 12 15 18 21 24	0 3 6 9 12 15 18 21 24	0 3 6 9 12 15 18 21 24

Growth Record
今週の成長記録

Things Interesting or Amazing
おもしろかったこと／感動したこと

I Worry About
気になること／お悩み

Favorite Things
いまのお気に入り

0歳

4ヵ月

2週目

4ヵ月

Growth Record
今週の成長記録

Things Interesting or Amazing
おもしろかったこと／感動したこと

I Worry About
気になること／お悩み

Favorite Things
いまのお気に入り

0歳

4ヵ月

3週目

4ヵ月

Growth Record
今週の成長記録

Things Interesting or Amazing
おもしろかったこと／感動したこと

I Worry About
気になること／お悩み

Favorite Things
いまのお気に入り

0歳

4ヵ月

4週目

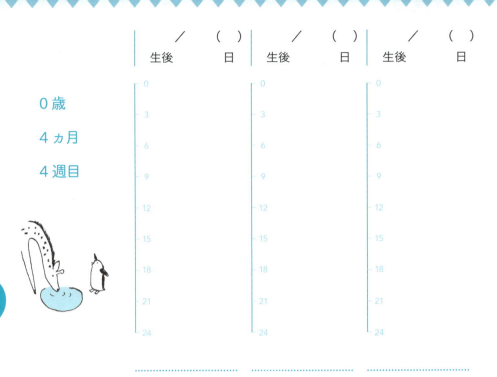

/ ( ) 生後　　　日	/ ( ) 生後　　　日	/ ( ) 生後　　　日
0 3 6 9 12 15 18 21 24	0 3 6 9 12 15 18 21 24	0 3 6 9 12 15 18 21 24

/ ( ) 生後　　　日	/ ( ) 生後　　　日	/ ( ) 生後　　　日	/ ( ) 生後　　　日
0 3 6 9 12 15 18 21 24	0 3 6 9 12 15 18 21 24	0 3 6 9 12 15 18 21 24	0 3 6 9 12 15 18 21 24

Growth Record
今週の成長記録

Things Interesting or Amazing
おもしろかったこと／感動したこと

I Worry About
気になること／お悩み

Favorite Things
いまのお気に入り

0歳

4ヵ月

5週目

Growth Record
今週の成長記録

Things Interesting or Amazing
おもしろかったこと／感動したこと

I Worry About
気になること／お悩み

Favorite Things
いまのお気に入り

生後 5 ヵ月

年

月　日

曜日　身長　　　cm　体重　　　g

生後 5 ヵ月の写真を貼りましょう

Our To Do and Challenges
今月一緒にやりたいこと、するべきこと

Wonderful Memories
心に残ったこと

How I Feel
いまの気持ち

Notes & Thoughts

0歳

5ヵ月

1週目

/ ( )	/ ( )	/ ( )
生後　　日	生後　　日	生後　　日
0	0	0
3	3	3
6	6	6
9	9	9
12	12	12
15	15	15
18	18	18
21	21	21
24	24	24

5ヵ月

/ ( )	/ ( )	/ ( )	/ ( )
生後　　日	生後　　日	生後　　日	生後　　日
0	0	0	0
3	3	3	3
6	6	6	6
9	9	9	9
12	12	12	12
15	15	15	15
18	18	18	18
21	21	21	21
24	24	24	24

Growth Record
今週の成長記録

Things Interesting or Amazing
おもしろかったこと／感動したこと

I Worry About
気になること／お悩み

Favorite Things
いまのお気に入り

0歳

5ヵ月

2週目

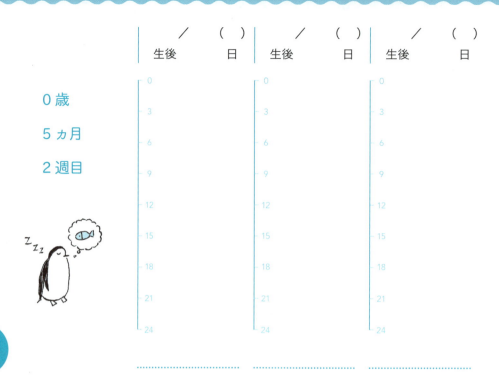

Growth Record
今週の成長記録

Things Interesting or Amazing
おもしろかったこと／感動したこと

I Worry About
気になること／お悩み

Favorite Things
いまのお気に入り

0歳

5ヵ月

3週目

Growth Record
今週の成長記録

Things Interesting or Amazing
おもしろかったこと／感動したこと

I Worry About
気になること／お悩み

Favorite Things
いまのお気に入り

0歳

5ヵ月

4週目

/　（　）
生後　　　日

/　（　）
生後　　　日

/　（　）
生後　　　日

/　（　）
生後　　　日

/　（　）
生後　　　日

/　（　）
生後　　　日

/　（　）
生後　　　日

Growth Record
今週の成長記録

Things Interesting or Amazing
おもしろかったこと／感動したこと

I Worry About
気になること／お悩み

Favorite Things
いまのお気に入り

0歳

5ヵ月

5週目

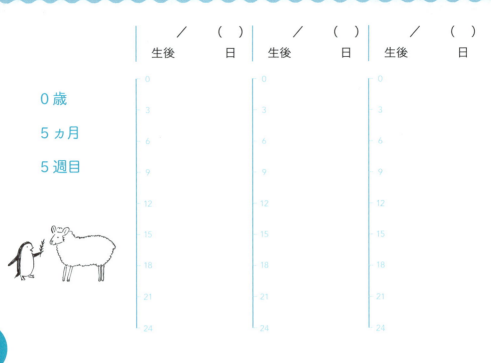

/ ( ) 生後　　　日	/ ( ) 生後　　　日	/ ( ) 生後　　　日
0 3 6 9 12 15 18 21 24	0 3 6 9 12 15 18 21 24	0 3 6 9 12 15 18 21 24

/ ( ) 生後　　　日	/ ( ) 生後　　　日	/ ( ) 生後　　　日	/ ( ) 生後　　　日
0 3 6 9 12 15 18 21 24	0 3 6 9 12 15 18 21 24	0 3 6 9 12 15 18 21 24	0 3 6 9 12 15 18 21 24

Growth Record
今週の成長記録

Things Interesting or Amazing
おもしろかったこと／感動したこと

I Worry About
気になること／お悩み

Favorite Things
いまのお気に入り

6 months old

生後6ヵ月

年

月　　日

曜日　　　身長　　　cm　　　体重　　　g

生後6ヵ月の写真を貼りましょう

Our To Do and Challenges
今月一緒にやりたいこと、するべきこと

Wonderful Memories
心に残ったこと

How I Feel
いまの気持ち

Notes & Thoughts

0歳
6ヵ月
1週目

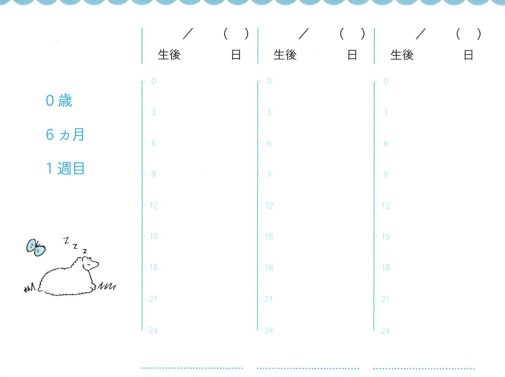

Growth Record
今週の成長記録

Things Interesting or Amazing
おもしろかったこと／感動したこと

I Worry About
気になること／お悩み

Favorite Things
いまのお気に入り

0歳
6ヵ月
2週目

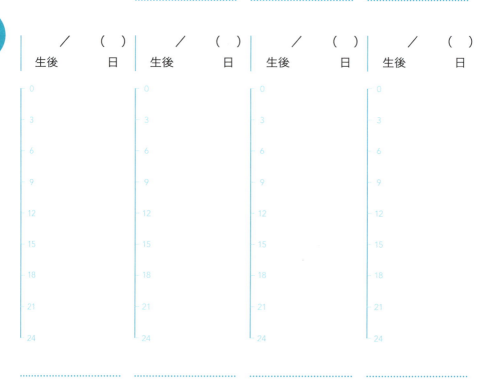

Growth Record
今週の成長記録

Things Interesting or Amazing
おもしろかったこと／感動したこと

I Worry About
気になること／お悩み

Favorite Things
いまのお気に入り

0歳
6ヵ月
3週目

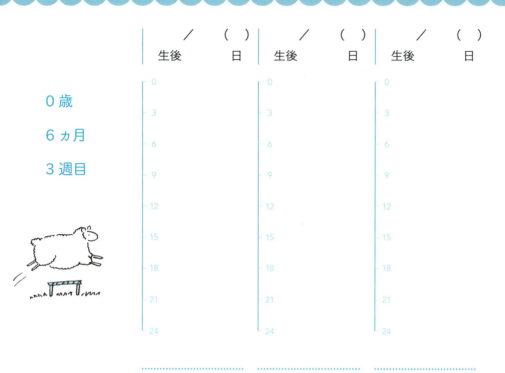

Growth Record
今週の成長記録

Things Interesting or Amazing
おもしろかったこと／感動したこと

I Worry About
気になること／お悩み

Favorite Things
いまのお気に入り

0歳

6ヵ月

4週目

Growth Record
今週の成長記録

Things Interesting or Amazing
おもしろかったこと／感動したこと

I Worry About
気になること／お悩み

Favorite Things
いまのお気に入り

0歳
6ヵ月
5週目

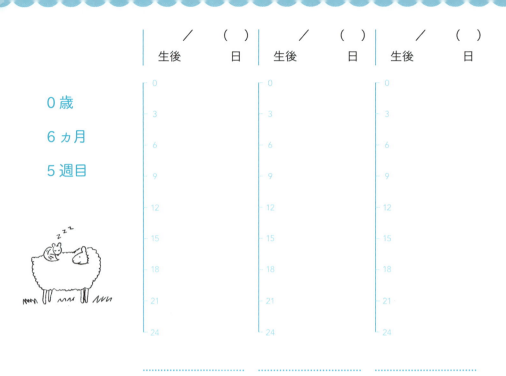

Growth Record
今週の成長記録

Things Interesting or Amazing
おもしろかったこと／感動したこと

I Worry About
気になること／お悩み

Favorite Things
いまのお気に入り

7 months old

生後7ヵ月

年

月　日

曜日　　　身長　　　cm　　　体重　　　g

生後7ヵ月の写真を貼りましょう

Our To Do and Challenges
今月一緒にやりたいこと、するべきこと

Wonderful Memories
心に残ったこと

How I Feel
いまの気持ち

Notes & Thoughts

0歳

7ヵ月

1週目

/ ( ) 生後　　　　日	/ ( ) 生後　　　　日	/ ( ) 生後　　　　日
0 3 6 9 12 15 18 21 24	0 3 6 9 12 15 18 21 24	0 3 6 9 12 15 18 21 24

/ ( ) 生後　　　　日	/ ( ) 生後　　　　日	/ ( ) 生後　　　　日	/ ( ) 生後　　　　日
0 3 6 9 12 15 18 21 24	0 3 6 9 12 15 18 21 24	0 3 6 9 12 15 18 21 24	0 3 6 9 12 15 18 21 24

Growth Record
今週の成長記録

Things Interesting or Amazing
おもしろかったこと／感動したこと

I Worry About
気になること／お悩み

Favorite Things
いまのお気に入り

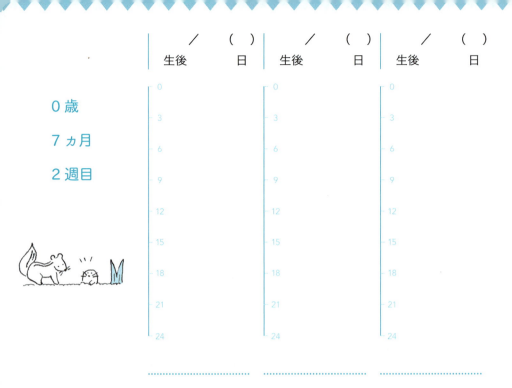

0歳

7ヵ月

2週目

7ヵ月

Growth Record
今週の成長記録

Things Interesting or Amazing
おもしろかったこと／感動したこと

I Worry About
気になること／お悩み

Favorite Things
いまのお気に入り

0歳

7ヵ月

3週目

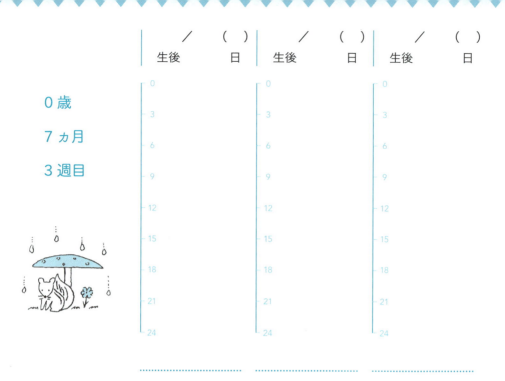

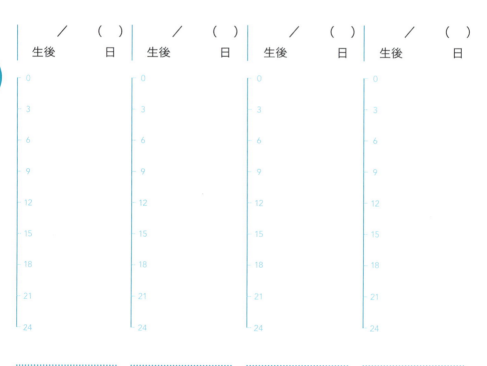

Growth Record
今週の成長記録

Things Interesting or Amazing
おもしろかったこと／感動したこと

I Worry About
気になること／お悩み

Favorite Things
いまのお気に入り

0歳

7ヵ月

4週目

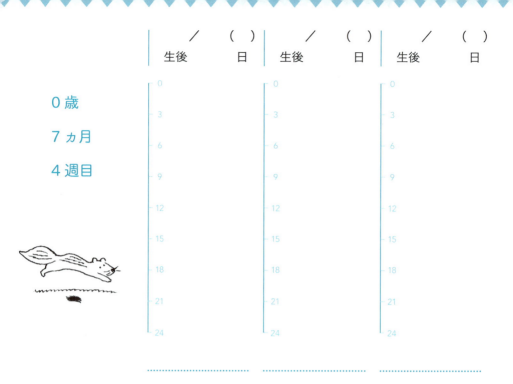

Growth Record
今週の成長記録

Things Interesting or Amazing
おもしろかったこと／感動したこと

I Worry About
気になること／お悩み

Favorite Things
いまのお気に入り

0歳

7ヵ月

5週目

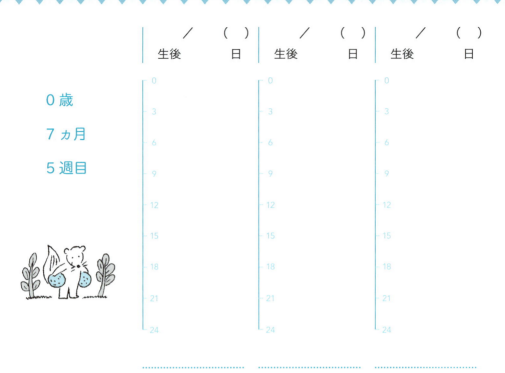

Growth Record
今週の成長記録

Things Interesting or Amazing
おもしろかったこと／感動したこと

I Worry About
気になること／お悩み

Favorite Things
いまのお気に入り

生後8ヵ月

年

月　　日

曜日　　　身長　　　cm　　体重　　　g

生後8ヵ月の写真を貼りましょう

Our To Do and Challenges
今月一緒にやりたいこと、するべきこと

Wonderful Memories
心に残ったこと

How I Feel
いまの気持ち

Notes & Thoughts

0歳

8ヵ月

1週目

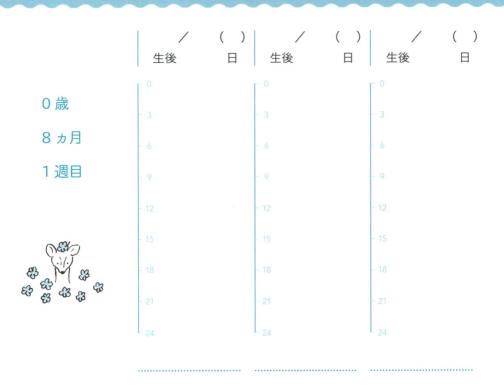

Growth Record
今週の成長記録

Things Interesting or Amazing
おもしろかったこと／感動したこと

I Worry About
気になること／お悩み

Favorite Things
いまのお気に入り

0歳

8ヵ月

2週目

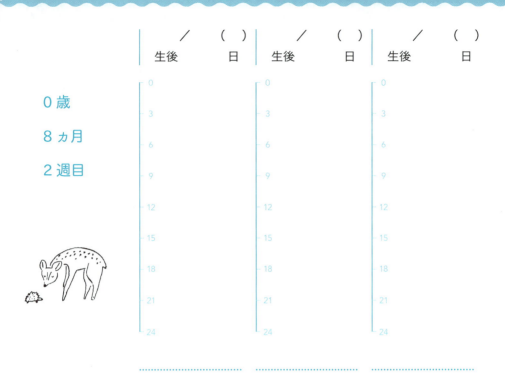

Growth Record
今週の成長記録

Things Interesting or Amazing
おもしろかったこと／感動したこと

I Worry About
気になること／お悩み

Favorite Things
いまのお気に入り

0歳

8ヵ月

3週目

Growth Record
今週の成長記録

Things Interesting or Amazing
おもしろかったこと／感動したこと

I Worry About
気になること／お悩み

Favorite Things
いまのお気に入り

0歳

8ヵ月

4週目

Growth Record
今週の成長記録

Things Interesting or Amazing
おもしろかったこと／感動したこと

I Worry About
気になること／お悩み

Favorite Things
いまのお気に入り

0歳

8ヵ月

5週目

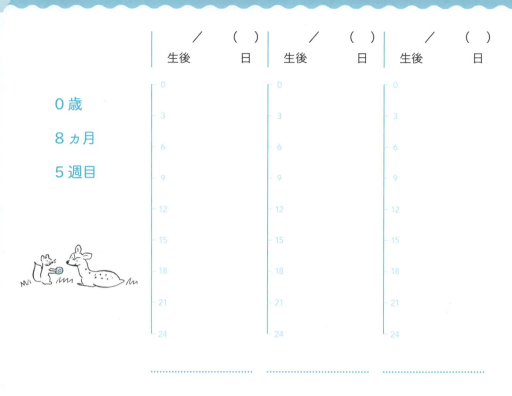

/ ( ) 生後 日	/ ( ) 生後 日	/ ( ) 生後 日
0 3 6 9 12 15 18 21 24	0 3 6 9 12 15 18 21 24	0 3 6 9 12 15 18 21 24

/ ( ) 生後 日	/ ( ) 生後 日	/ ( ) 生後 日	/ ( ) 生後 日
0 3 6 9 12 15 18 21 24	0 3 6 9 12 15 18 21 24	0 3 6 9 12 15 18 21 24	0 3 6 9 12 15 18 21 24

8ヵ月

Growth Record
今週の成長記録

Things Interesting or Amazing
おもしろかったこと／感動したこと

I Worry About
気になること／お悩み

Favorite Things
いまのお気に入り

9 months old

生後９ヵ月

_____ 年

_____ 月　　日

_____ 曜日

身長 _____ cm　　体重 _____ g

生後９ヵ月の写真を貼りましょう

Our To Do and Challenges
今月一緒にやりたいこと、するべきこと

Wonderful Memories
心に残ったこと

How I Feel
いまの気持ち

Notes & Thoughts

0歳

9ヵ月

1週目

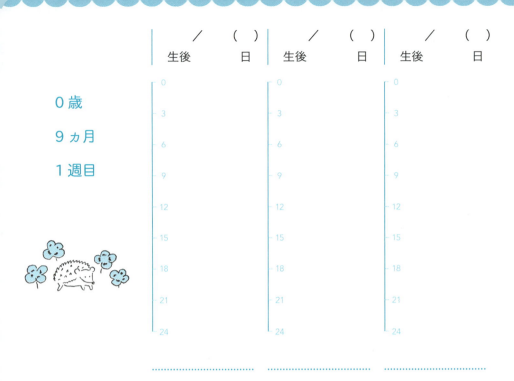

Growth Record
今週の成長記録

Things Interesting or Amazing
おもしろかったこと／感動したこと

I Worry About
気になること／お悩み

Favorite Things
いまのお気に入り

0歳

9ヵ月

2週目

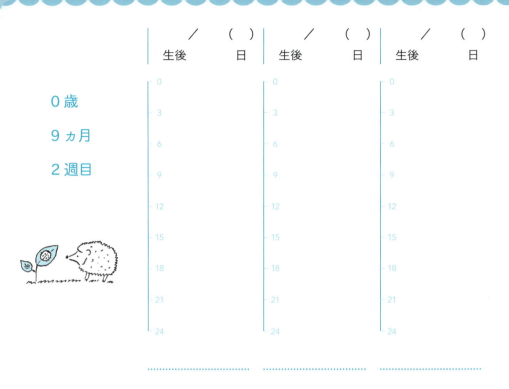

Growth Record
今週の成長記録

Things Interesting or Amazing
おもしろかったこと／感動したこと

I Worry About
気になること／お悩み

Favorite Things
いまのお気に入り

0歳

9ヵ月

3週目

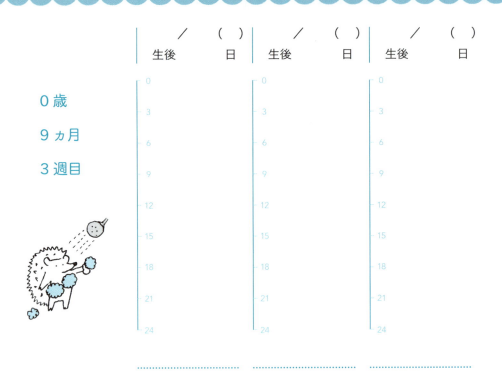

/ ( ) 生後　　日	/ ( ) 生後　　日	/ ( ) 生後　　日
0 3 6 9 12 15 18 21 24	0 3 6 9 12 15 18 21 24	0 3 6 9 12 15 18 21 24

/ ( ) 生後　　日	/ ( ) 生後　　日	/ ( ) 生後　　日	/ ( ) 生後　　日
0 3 6 9 12 15 18 21 24	0 3 6 9 12 15 18 21 24	0 3 6 9 12 15 18 21 24	0 3 6 9 12 15 18 21 24

Growth Record
今週の成長記録

Things Interesting or Amazing
おもしろかったこと／感動したこと

I Worry About
気になること／お悩み

Favorite Things
いまのお気に入り

0歳
9ヵ月
4週目

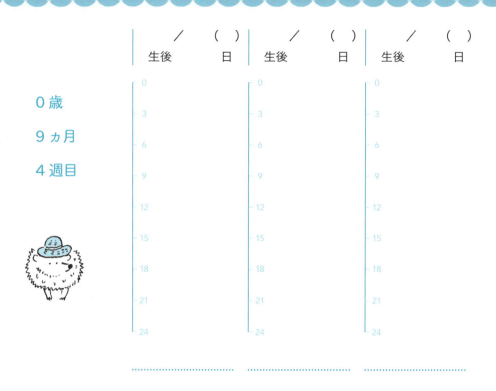

Growth Record
今週の成長記録

Things Interesting or Amazing
おもしろかったこと／感動したこと

I Worry About
気になること／お悩み

Favorite Things
いまのお気に入り

0歳

9ヵ月

5週目

Growth Record
今週の成長記録

Things Interesting or Amazing
おもしろかったこと／感動したこと

I Worry About
気になること／お悩み

Favorite Things
いまのお気に入り

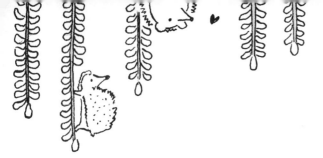

生後10ヵ月

年
月　　日
曜日　　　　身長　　　　　cm　　　体重　　　　　g

生後10ヵ月の写真を貼りましょう

Our To Do and Challenges
今月一緒にやりたいこと、するべきこと

Wonderful Memories
心に残ったこと

How I Feel
いまの気持ち

Notes & Thoughts

0歳

10ヵ月

1週目

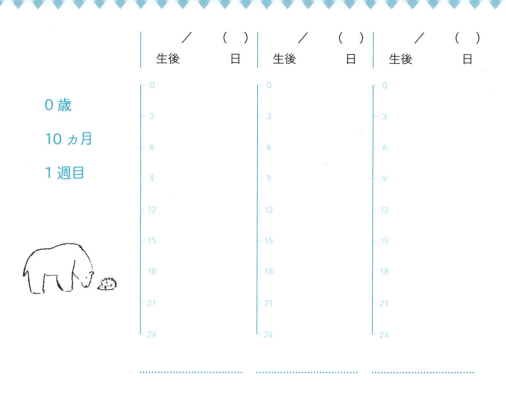

Growth Record
今週の成長記録

Things Interesting or Amazing
おもしろかったこと／感動したこと

I Worry About
気になること／お悩み

Favorite Things
いまのお気に入り

0歳
10ヵ月
2週目

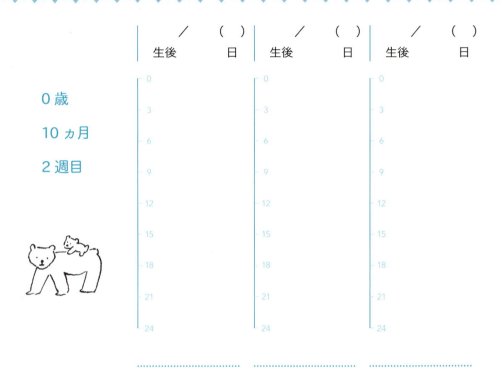

Growth Record
今週の成長記録

Things Interesting or Amazing
おもしろかったこと／感動したこと

I Worry About
気になること／お悩み

Favorite Things
いまのお気に入り

0歳

10ヵ月

3週目

/ ( ) 生後 日	/ ( ) 生後 日	/ ( ) 生後 日
0 3 6 9 12 15 18 21 24	0 3 6 9 12 15 18 21 24	0 3 6 9 12 15 18 21 24

/ ( ) 生後 日	/ ( ) 生後 日	/ ( ) 生後 日	/ ( ) 生後 日
0 3 6 9 12 15 18 21 24	0 3 6 9 12 15 18 21 24	0 3 6 9 12 15 18 21 24	0 3 6 9 12 15 18 21 24

Growth Record
今週の成長記録

Things Interesting or Amazing
おもしろかったこと／感動したこと

I Worry About
気になること／お悩み

Favorite Things
いまのお気に入り

0歳
10ヵ月
4週目

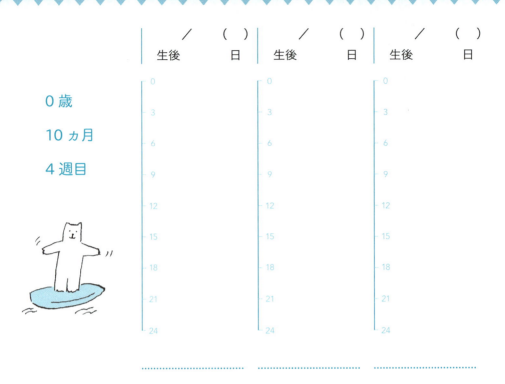

Growth Record
今週の成長記録

Things Interesting or Amazing
おもしろかったこと／感動したこと

I Worry About
気になること／お悩み

Favorite Things
いまのお気に入り

0歳

10ヵ月

5週目

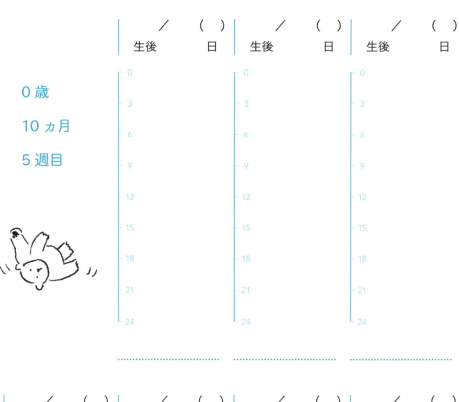

/ ( )	/ ( )	/ ( )
生後 日	生後 日	生後 日

/ ( )	/ ( )	/ ( )	/ ( )
生後 日	生後 日	生後 日	生後 日

Growth Record
今週の成長記録

Things Interesting or Amazing
おもしろかったこと／感動したこと

I Worry About
気になること／お悩み

Favorite Things
いまのお気に入り

生後11ヵ月

_____ 年

_____ 月　　　日

_____ 曜日　　　身長　　　　　　cm　　体重　　　　　　g

生後11ヵ月の写真を貼りましょう

Our To Do and Challenges
今月一緒にやりたいこと、するべきこと

Wonderful Memories
心に残ったこと

How I Feel
いまの気持ち

Notes & Thoughts

0歳

11ヵ月

1週目

/ ( ) 生後　日	/ ( ) 生後　日	/ ( ) 生後　日
0 3 6 9 12 15 18 21 24	0 3 6 9 12 15 18 21 24	0 3 6 9 12 15 18 21 24

/ ( ) 生後　日	/ ( ) 生後　日	/ ( ) 生後　日	/ ( ) 生後　日
0 3 6 9 12 15 18 21 24	0 3 6 9 12 15 18 21 24	0 3 6 9 12 15 18 21 24	0 3 6 9 12 15 18 21 24

11ヵ月

Growth Record
今週の成長記録

Things Interesting or Amazing
おもしろかったこと／感動したこと

I Worry About
気になること／お悩み

Favorite Things
いまのお気に入り

0歳

11ヵ月

2週目

Growth Record
今週の成長記録

Things Interesting or Amazing
おもしろかったこと／感動したこと

I Worry About
気になること／お悩み

Favorite Things
いまのお気に入り

0歳

11ヵ月

3週目

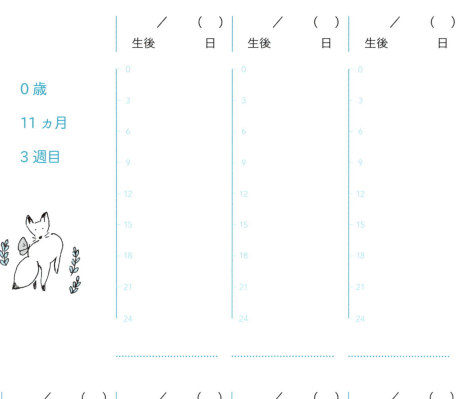

Growth Record
今週の成長記録

Things Interesting or Amazing
おもしろかったこと／感動したこと

I Worry About
気になること／お悩み

Favorite Things
いまのお気に入り

0歳

11ヵ月

4週目

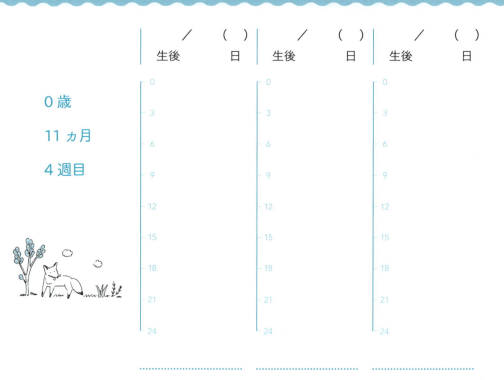

Growth Record
今週の成長記録

Things Interesting or Amazing
おもしろかったこと／感動したこと

I Worry About
気になること／お悩み

Favorite Things
いまのお気に入り

0歳

11ヵ月

5週目

/ ( ) 生後 日	/ ( ) 生後 日	/ ( ) 生後 日
0 3 6 9 12 15 18 21 24	0 3 6 9 12 15 18 21 24	0 3 6 9 12 15 18 21 24

/ ( ) 生後 日	/ ( ) 生後 日	/ ( ) 生後 日	/ ( ) 生後 日
0 3 6 9 12 15 18 21 24	0 3 6 9 12 15 18 21 24	0 3 6 9 12 15 18 21 24	0 3 6 9 12 15 18 21 24

11ヵ月

Growth Record
今週の成長記録

Things Interesting or Amazing
おもしろかったこと／感動したこと

I Worry About
気になること／お悩み

Favorite Things
いまのお気に入り

"I Did it!" Anniversaries

A 【 笑った 】
　　　年　　　月　　　日

B 【「あー」「うー」などと喃語を発した】
　　　年　　　月　　　日

C 【 首がすわった 】
　　　年　　　月　　　日

D 【 寝返りを打った 】
　　　年　　　月　　　日

E 【 離乳食を食べた 】
　　　年　　　月　　　日

F 【 おすわりした 】
　　　年　　　月　　　日

G 【 ハイハイした 】
　　　年　　　月　　　日

H 【 つかまり立ちをした 】
　　　年　　　月　　　日

はじめて「できた!」記念日

「はじめて」だらけの毎日。
感動の瞬間を、いつまでも忘れないように。

I 【 手をはなして立てた 】
　　　年　　　月　　　日

J 【 はじめの一歩を踏み出した! 】
　　　年　　　月　　　日

K 【 お話しした 】
　　　年　　　月　　　日

L 【 「お母さん」「ママ」と言った 】
　　　年　　　月　　　日

M 【 「お父さん」「パパ」と言った 】
　　　年　　　月　　　日

N 【 卒乳した 】
　　　年　　　月　　　日

O 【　　　　　　　　　】
　　　年　　　月　　　日

P 【　　　　　　　　　】
　　　年　　　月　　　日

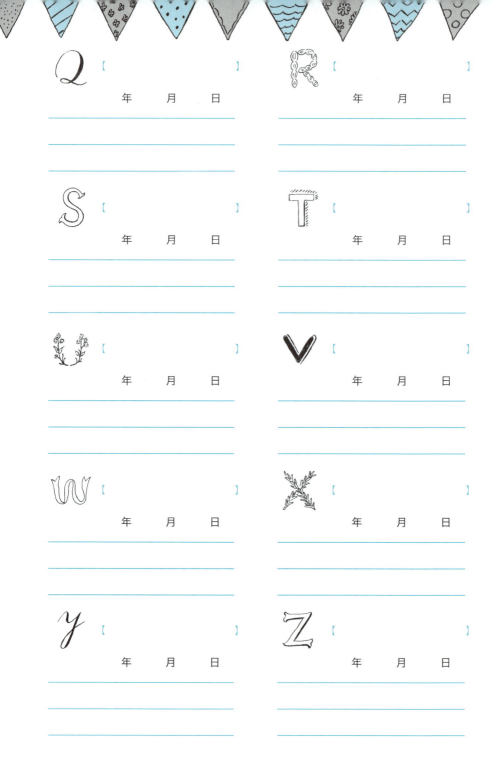

My Child's Diary

1歳から12歳までの
記録

あっというまに1年が過ぎ、
はじめてのお誕生日がやってきました。
生まれたばかりの頃は、小さくてたよりなかったのに、
いつのまにか、こんなことも、あんなこともできるようになって……。
その成長の早さには、おどろくばかり。
1本の木のように、すくすく、ぐんぐん成長していくさまを
見逃さないように、
ここに書きとめておきましょう。

1歳

1歳になりました！

1st BIRTHDAY!

はじめてのお誕生日

　　　　年
　月　　　日
　　曜日

身長
　　　　cm

体重
　　　　g

Message
メッセージ

About the Birthday　お誕生日のようす

1 YEAR AND 0 MONTH
1歳 0ヵ月

Achievements This Month
今月できたこと

Things Interesting or Amazing
おもしろかったこと／
感動したこと

I Worry About
気になること／お悩み

Favorite Things
いまのお気に入り

1YEAR AND 1 MONTH
1歳
1ヵ月

Achievements This Month
今月できたこと

Things Interesting or Amazing
おもしろかったこと／
感動したこと

I Worry About
気になること／お悩み

Favorite Things
いまのお気に入り

1 YEAR AND 2 MONTHS
1歳 2ヵ月

Achievements This Month
今月できたこと

Things Interesting or Amazing
おもしろかったこと／
感動したこと

I Worry About
気になること／お悩み

Favorite Things
いまのお気に入り

1YEAR AND 3 MONTHS
1歳 3ヵ月

Achievements This Month
今月できたこと

Things Interesting or Amazing
おもしろかったこと／感動したこと

I Worry About
気になること／お悩み

Favorite Things
いまのお気に入り

1歳 4ヵ月

Achievements This Month
今月できたこと

Things Interesting or Amazing
おもしろかったこと／感動したこと

I Worry About
気になること／お悩み

Favorite Things
いまのお気に入り

1YEAR AND 5 MONTHS
1歳
5ヵ月

Achievements This Month
今月できたこと

Things Interesting or Amazing
おもしろかったこと／
感動したこと

I Worry About
気になること／お悩み

Favorite Things
いまのお気に入り

1歳 6ヵ月

Achievements This Month
今月できたこと

Things Interesting or Amazing
おもしろかったこと／
感動したこと

I Worry About
気になること／お悩み

Favorite Things
いまのお気に入り

Achievements This Month
今月できたこと

Things Interesting or Amazing
おもしろかったこと／感動したこと

I Worry About
気になること／お悩み

Favorite Things
いまのお気に入り

1 YEAR AND 8 MONTHS
1歳
8ヵ月

Achievements This Month
今月できたこと

Things Interesting or Amazing
おもしろかったこと／感動したこと

I Worry About
気になること／お悩み

Favorite Things
いまのお気に入り

1 YEAR AND 9 MONTHS
1歳 9ヵ月

Achievements This Month
今月できたこと

Things Interesting or Amazing
おもしろかったこと／感動したこと

I Worry About
気になること／お悩み

Favorite Things
いまのお気に入り

1 YEAR AND 10 MONTHS
1歳 10ヵ月

Achievements This Month
今月できたこと

Things Interesting or Amazing
おもしろかったこと／
感動したこと

I Worry About
気になること／お悩み

Favorite Things
いまのお気に入り

1歳 11ヵ月
1 YEAR AND 11 MONTHS

Achievements This Month
今月できたこと

Things Interesting or Amazing
おもしろかったこと／感動したこと

I Worry About
気になること／お悩み

Favorite Things
いまのお気に入り

Notes & Thoughts

2歳になりました！

2歳

2歳のお誕生日

　　　　　年

　月　　　日

　　　　　曜日

2nd BIRTHDAY!

身長

cm

体重

g

Message
メッセージ

About the Birthday　お誕生日のようす

Achievements This Month
今月できたこと

Things Interesting or Amazing
おもしろかったこと／
感動したこと

I Worry About
気になること／お悩み

Favorite Things
いまのお気に入り

2 YEARS AND 1 MONTH
2歳 1ヵ月

Achievements This Month
今月できたこと

Things Interesting or Amazing
おもしろかったこと／
感動したこと

I Worry About
気になること／お悩み

Favorite Things
いまのお気に入り

Achievements This Month
今月できたこと

Things Interesting or Amazing
おもしろかったこと／感動したこと

I Worry About
気になること／お悩み

Favorite Things
いまのお気に入り

2歳 3ヵ月
2 YEARS AND 3 MONTHS

Achievements This Month
今月できたこと

Things Interesting or Amazing
おもしろかったこと／感動したこと

I Worry About
気になること／お悩み

Favorite Things
いまのお気に入り

Achievements This Month
今月できたこと

Things Interesting or Amazing
おもしろかったこと／
感動したこと

I Worry About
気になること／お悩み

Favorite Things
いまのお気に入り

Achievements This Month
今月できたこと

Things Interesting or Amazing
おもしろかったこと／感動したこと

I Worry About
気になること／お悩み

Favorite Things
いまのお気に入り

Achievements This Month
今月できたこと

Things Interesting or Amazing
おもしろかったこと／
感動したこと

I Worry About
気になること／お悩み

Favorite Things
いまのお気に入り

2YEARS AND 7 MONTHS
2歳
7ヵ月

Achievements This Month
今月できたこと

Things Interesting or Amazing
おもしろかったこと／
感動したこと

I Worry About
気になること／お悩み

Favorite Things
いまのお気に入り

Achievements This Month
今月できたこと

Things Interesting or Amazing
おもしろかったこと／感動したこと

I Worry About
気になること／お悩み

Favorite Things
いまのお気に入り

2 YEARS AND 9 MONTHS
2歳 9ヵ月

Achievements This Month
今月できたこと

Things Interesting or Amazing
おもしろかったこと／感動したこと

I Worry About
気になること／お悩み

Favorite Things
いまのお気に入り

Achievements This Month
今月できたこと

Things Interesting or Amazing
おもしろかったこと／
感動したこと

I Worry About
気になること／お悩み

Favorite Things
いまのお気に入り

2歳 11ヵ月
2 YEARS AND 11 MONTHS

Achievements This Month
今月できたこと

Things Interesting or Amazing
おもしろかったこと／感動したこと

I Worry About
気になること／お悩み

Favorite Things
いまのお気に入り

Sweet Dreams

Notes & Thoughts

3歳になりました！

3rd BIRTHDAY!

3歳のお誕生日

_____ 年

_____ 月 _____ 日

_____ 曜日

身長

_____ cm

体重

_____ g

Message
メッセージ

About the Birthday　お誕生日のようす

Achievements This Month
今月できたこと

Things Interesting or Amazing
おもしろかったこと／感動したこと

I Worry About
気になること／お悩み

Favorite Things
いまのお気に入り

3 YEARS AND 1 MONTH
3歳
1ヵ月

Achievements This Month
今月できたこと

Things Interesting or Amazing
おもしろかったこと／
感動したこと

I Worry About
気になること／お悩み

Favorite Things
いまのお気に入り

Achievements This Month
今月できたこと

Things Interesting or Amazing
おもしろかったこと／
感動したこと

I Worry About
気になること／お悩み

Favorite Things
いまのお気に入り

3 YEARS AND 3 MONTHS
3歳
3ヵ月

Achievements This Month
今月できたこと

Things Interesting or Amazing
おもしろかったこと／感動したこと

I Worry About
気になること／お悩み

Favorite Things
いまのお気に入り

3 YEARS AND 4 MONTHS
3歳
4ヵ月

Achievements
This Month
今月できたこと

Things Interesting
or Amazing
おもしろかったこと／
感動したこと

I Worry About
気になること／お悩み

Favorite Things
いまのお気に入り

3歳 5ヵ月
3 YEARS AND 5 MONTHS

Achievements This Month
今月できたこと

Things Interesting or Amazing
おもしろかったこと／感動したこと

I Worry About
気になること／お悩み

Favorite Things
いまのお気に入り

Achievements This Month
今月できたこと

Things Interesting or Amazing
おもしろかったこと／
感動したこと

I Worry About
気になること／お悩み

Favorite Things
いまのお気に入り

3 YEARS AND 7 MONTHS
3歳
7ヵ月

Achievements This Month
今月できたこと

Things Interesting or Amazing
おもしろかったこと／
感動したこと

I Worry About
気になること／お悩み

Favorite Things
いまのお気に入り

Achievements This Month
今月できたこと

Things Interesting or Amazing
おもしろかったこと／
感動したこと

3 YEARS AND 8 MONTHS
3歳
8ヵ月

I Worry About
気になること／お悩み

Favorite Things
いまのお気に入り

Achievements This Month
今月できたこと

Things Interesting or Amazing
おもしろかったこと／
感動したこと

I Worry About
気になること／お悩み

Favorite Things
いまのお気に入り

Achievements This Month
今月できたこと

Things Interesting or Amazing
おもしろかったこと／
感動したこと

I Worry About
気になること／お悩み

Favorite Things
いまのお気に入り

3 YEARS AND 11 MONTHS
3歳 11ヵ月

Achievements This Month
今月できたこと

Things Interesting or Amazing
おもしろかったこと／感動したこと

I Worry About
気になること／お悩み

Favorite Things
いまのお気に入り

Notes & Thoughts

4歳になりました！

4th BIRTHDAY!

4歳のお誕生日

___ 年 ___ 月 ___ 日 ___ 曜日

身長 ___ cm

体重 ___ kg

Message メッセージ

About the Birthday　お誕生日のようす

Growth Record
4歳の成長の記録

Wonderful Memories
心に残ったこと

How I Feel
いま感じていること

5歳になりました！

5th BIRTHDAY!

5歳のお誕生日

_____ 年

_____ 月 _____ 日

_____ 曜日

5歳

身長 _____ cm

体重 _____ kg

Message
メッセージ

About the Birthday　お誕生日のようす

Growth Record
5歳の成長の記録

Wonderful Memories
心に残ったこと

How I Feel
いま感じていること

6歳になりました！

6th BIRTHDAY!

6歳のお誕生日

_____ 年

_____ 月　　日

_____ 曜日

身長

_____ cm

体重

_____ kg

6歳

Message
メッセージ

About the Birthday　お誕生日のようす

Growth Record
6歳の成長の記録

Wonderful Memories
心に残ったこと

How I Feel
いま感じていること

Growth Record
7歳の成長の記録

___

Wonderful Memories
心に残ったこと

___

How I Feel
いま感じていること

___

8歳になりました！

8th
BIRTHDAY!

8歳のお誕生日

年

月　　日

曜日

身長

cm

体重

kg

Message
メッセージ

8歳

About the Birthday　お誕生日のようす

Growth Record
8歳の成長の記録

....

Wonderful Memories
心に残ったこと

....

How I Feel
いま感じていること

....

9歳になりました！

9th BIRTHDAY!

9歳のお誕生日

_____ 年
_____ 月　　_____ 日
_____ 曜日

身長

_____ cm

体重

_____ kg

Message
メッセージ

About the Birthday　お誕生日のようす

Growth Record
9歳の成長の記録

Wonderful Memories
心に残ったこと

How I Feel
いま感じていること

10歳になりました！

10歳のお誕生日

_____ 年
_____ 月 _____ 日
_____ 曜日

身長
_____ cm

体重
_____ kg

10th BIRTHDAY!

Message
メッセージ

About the Birthday　お誕生日のようす

10歳

Growth Record
10歳の成長の記録

Wonderful Memories
心に残ったこと

How I Feel
いま感じていること

\ 11歳になりました！ /

11th BIRTHDAY!

11歳のお誕生日

　　　　　年

　月　　　日

　　　　　曜日

身長

　　　　　cm

体重

　　　　　kg

Message
メッセージ

About the Birthday　お誕生日のようす

Growth Record
11歳の成長の記録

Wonderful Memories
心に残ったこと

How I Feel
いま感じていること

12歳になりました！

12th BIRTHDAY!

12歳のお誕生日

年

月　日

曜日

身長　　　　　cm

体重　　　　　kg

Message
メッセージ

About the Birthday　お誕生日のようす

Growth Record
12歳の成長の記録

Wonderful Memories
心に残ったこと

How I Feel
いま感じていること

Notes & Thoughts

Events for My Child

行事・イベントの
思い出

子どもの健康や幸せを願うお祝いごとや行事には
それぞれに意味があります。
しきたりも地域によって様々です。
一つひとつを一緒に楽しみながら、
子どもとの思い出を
たくさんつくっていきましょう。

お七夜

　　　　年　　　月　　　日
　　　―――――――――――――

開催場所
―――――――――――――――――――――

参加してくれた人
―――――――――――――――――――――

その日のこと
―――――――――――――――――――――
―――――――――――――――――――――

その日の写真を貼りましょう

お宮参り

年　　月　　日

開催場所

参加してくれた人

その日のこと

その日の写真を貼りましょう

お食い初め

年　　月　　日

開催場所

参加してくれた人

その日のこと

その日の写真を貼りましょう

初節句

　　　　年　　月　　日

開催場所

参加してくれた人

その日のこと

　　　　　その日の写真を貼りましょう

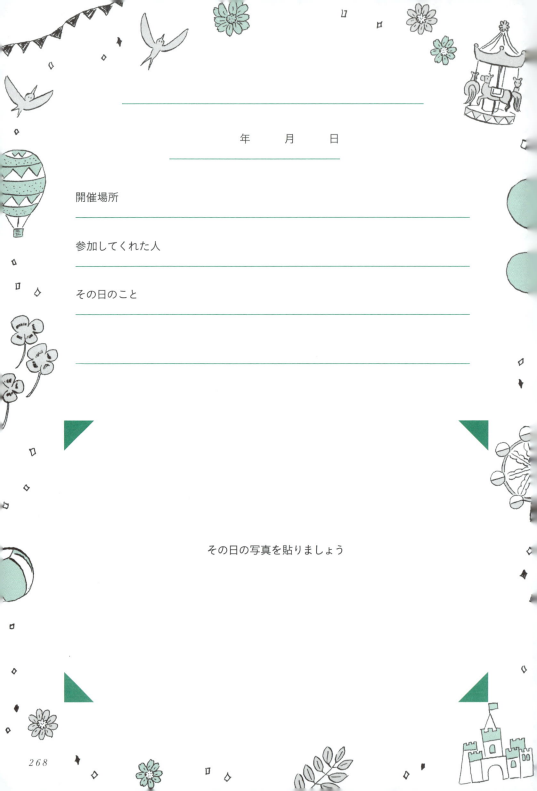

年　　　月　　　日

開催場所

参加してくれた人

その日のこと

その日の写真を貼りましょう

年　　月　　日

開催場所

参加してくれた人

その日のこと

その日の写真を貼りましょう

年　　月　　日

開催場所

参加してくれた人

その日のこと

その日の写真を貼りましょう

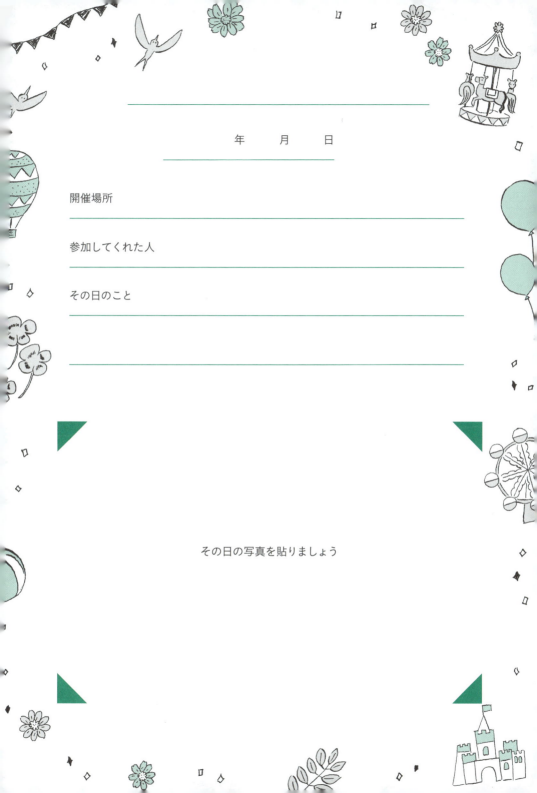

　　　　　年　　月　　日

開催場所

参加してくれた人

その日のこと

その日の写真を貼りましょう

年　　月　　日

開催場所

参加してくれた人

その日のこと

その日の写真を貼りましょう

For the Health and Well-being of My Child

子どもの心と体を守る
アドバイス

子どもには病気やケガなどのトラブルがつきもの。
とくに言葉を話せない赤ちゃんの病気は、
親が気づいて
ケアしてあげることが大切です。
正しい知識を持って、
子どもの病気やケガに備えましょう。

0〜6歳までの男の子の発育の目安

子どもの発育を見守ろう

P274-275のグラフは男の子の身長と体重の身体発育値と発達の目安です。乳児期は身体発育、精神・運動発達が大きく伸び、幼児期になると身体発育の変化はゆるやかになる一方、精神・運動発達が顕著になります。グラフを使って子どもの発育を記録していきましょう。

健やかな子どもの成長を見守るためにも、発育や発達がチェックでき、先天的な病気の有無・早期発見ができる乳幼児健診はぜひ利用しましょう。多くの自治体で、3〜4ヵ月、9〜10ヵ月、1歳6ヵ月の健診は公費で受けることができます。

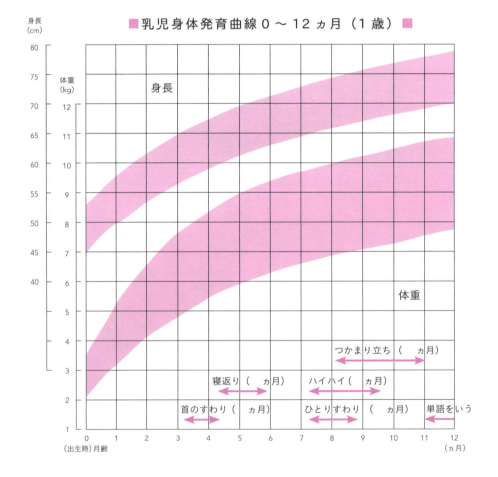

★健診や家庭で身長・体重を測ったときは、この表に書き入れ、子どもの発育や発達を確認するようにしましょう。

子どもの発達の目安とは？

P274-275 のグラフの帯の中には、各月・年齢の 94% の子どもの値が入ります。ただし乳幼児の発育は個人差があるので、一応の目安としてください。身長については、2 歳未満は寝かせて測り、2 歳以上は立たせて測ったものです。

「首のすわり」「寝返り」「ひとりすわり」「ハイハイ」「つかまり立ち」「ひとり歩き」「単語をいう」の矢印は約50%の子どもができるようになる月・年齢から約90%の子どもができるようになる月・年齢までを表しています。子どもができるようになった時期も記入しましょう。

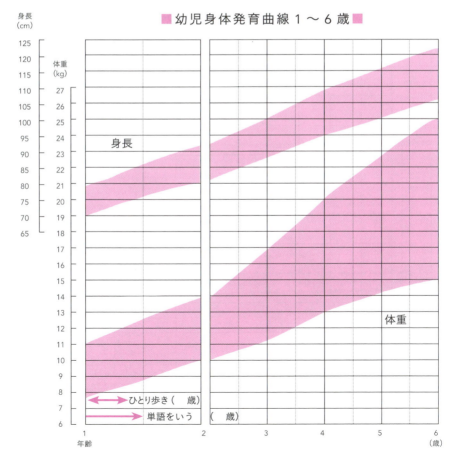

（厚生労働省　平成 22 年乳幼児身体発育調査報告書より）

0〜6歳までの女の子の発育の目安

子どもの発育を見守ろう

P276-277のグラフは女の子の身長と体重の身体発育値と発達の目安です。乳児期は身体発育、精神・運動発達が大きく伸び、幼児期になると身体発育の変化はゆるやかになる一方、精神・運動発達が顕著になります。グラフを使って子どもの発育を記録していきましょう。

健やかな子どもの成長を見守るためにも、発育や発達がチェックでき、先天的な病気の有無・早期発見ができる乳幼児健診はぜひ利用しましょう。多くの自治体で、3〜4ヵ月、9〜10ヵ月、1歳6ヵ月の健診は公費で受けることができます。

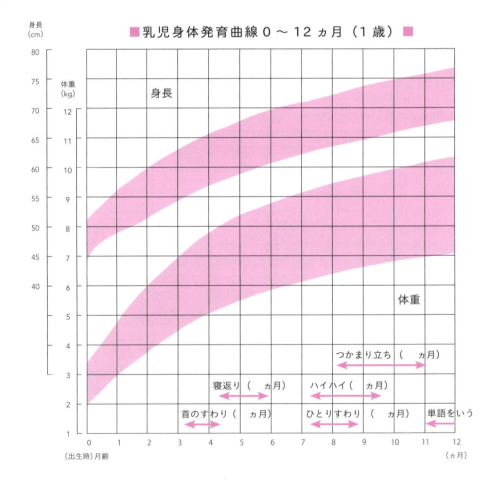

★健診や家庭で身長・体重を測ったときは、この表に書き入れ、子どもの発育や発達を確認するようにしましょう。

子どもの発達の目安とは？

P276-277のグラフの帯の中には、各月・年齢の94%の子どもの値が入ります。ただし乳幼児の発育は個人差があるので、一応の目安としてください。身長については、2歳未満は寝かせて測り、2歳以上は立たせて測ったものです。

「首のすわり」「寝返り」「ひとりすわり」「ハイハイ」「つかまり立ち」「ひとり歩き」「単語をいう」の矢印は約50%の子どもができるようになる月・年齢から約90%の子どもができるようになる月・年齢までを表しています。子どもができるようになった時期も記入しましょう。

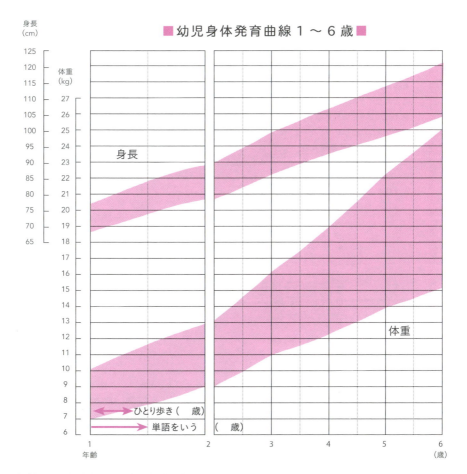

（厚生労働省 平成22年乳幼児身体発育調査報告書より）

乳児期の成長と育児のポイント

0〜1ヵ月

赤ちゃんの成長
腕はW字、足はM字が生まれたばかりの赤ちゃんの自然な形。手の平を触ると握ったり、口に触れたものを吸おうとする「原始反射」が見られます。聴覚はほぼ完成しています。

赤ちゃんとのかかわり
昼夜の区別なく2〜3時間ごとのサイクルで起き、「母乳やミルクを飲んでは寝る」の繰り返しの赤ちゃん。泣くことが唯一の自己表現なので、泣いてもあせらずに。授乳は欲しがるときに欲しがるだけ飲ませてOK。

1〜2ヵ月

赤ちゃんの成長
皮下脂肪がついて体重も増え、手足をバタバタと活発に動かすようになります。視覚や聴覚もより発達します。口まわりの筋肉が発達してきて、母乳やミルクを一度にたくさん飲めるようにも。

赤ちゃんとのかかわり
まだリズムは整わないけれど、授乳の間隔はあくようになり、少しずつ起きている時間が長くなります。親の顔をじっと見たりするようになります。抱っこややさしくなでられることは心地いいので、積極的にスキンシップを。

2〜3ヵ月

赤ちゃんの成長
自分の顔の前で手をじっと見たり、まわりのものに興味を示して動くものを目で追うようになります。表情はより豊かになり、「ア〜」「ウ〜」と声を出したりすることもあります。

赤ちゃんとのかかわり
夜にまとめて眠る赤ちゃんが増えてきます。朝は明るくし、夜は部屋を暗くして寝かせるなど、生活リズムを整えていきましょう。過度な紫外線は避けつつ、お散歩などをはじめましょう。

赤ちゃんの睡眠

● 1〜3ヵ月
昼夜の区別なく1日16〜20時間程度眠っています。

※睡眠時間はあくまでも目安です。
　赤ちゃんによって差は生じます。

母親の体

出産後はホルモンバランスの変化で、気分が落ち込んだり、イライラしたりすることもあります。1人で抱え込まずに、たまには赤ちゃんを家族に任せて、気分転換などもしながら体調を回復していきましょう。

● 1ヵ月
出産前の体に戻ろうと急激な変化が起こります。この時期は安静にして体の回復を一番に考えて。

● 2ヵ月
子宮は約6週間ほどかけて妊娠前の大きさに戻ります。しばらくは生理痛のような痛みが起こることも。

3〜4ヵ月

体重は生まれた頃の2倍ほどに成長。首がしっかりとしだして、少し頭を持ち上げたりもします。おもちゃのガラガラなどを握ったり、指しゃぶりをしたり、手を使ってものを触ろうとしたりします。

昼夜の区別がついてきます。赤ちゃんをあやすと声を出して笑うようになります。親のいろいろな表情を見せたり、握りやすいものを握らせたり、声をかけたりして、赤ちゃんの五感を刺激しましょう。3〜4ヵ月健診に行きましょう。

4〜5ヵ月

ほとんどの赤ちゃんの首がすわり、たて抱きをしても首がぐらつかなくなります。手足だけでなく、体全体で感情を表現するように。喃語の種類が増えて「ア〜ウ〜」「ウックゥ〜」などと声を出します。

授乳間隔が決まって、1日5回前後に落ち着いてきます。ただ、遊び飲みもはじまるので、そんなときは「おしまいにしようね」などとやさしく切り上げましょう。散歩や入浴も毎日同じ時間にして、1日の生活リズムをつくっていきましょう。

5〜6ヵ月

運動発達は個人差がありますが、寝返りをする赤ちゃんも出てきます。手先も器用になって、5本の指を使って遊んだりもします。少しの間ならおすわりをする子もいますが、まだ不安定なので注意しましょう。

運動機能も、視覚、聴覚、触覚も目覚ましく発達する頃なので、たて抱きでゆらゆらしたりといった動きのある遊びもはじめてOK。何でも口に入れようとするので、赤ちゃんの手の届くところに危険なものは置かないようにしましょう。

● 3〜5ヵ月
夜まとめて4〜5時間くらい眠るようになります。日中は3回程度お昼寝をします。

※睡眠時間はあくまでも目安です。赤ちゃんによって差は生じます。

● 3ヵ月頃
授乳がミルクの場合は、そろそろ月経がくることも。母乳をあげている人は、もう少しあとになる傾向にあります。

● 4〜6ヵ月
妊娠中の体重増加が適正範囲なら、だんだんと元の体重に戻ってくる頃です。授乳中は無理なダイエットはひかえましょう。

乳児期の成長と育児のポイント

乳児編

赤ちゃんの成長

6〜7ヵ月
寝返りが上手にできるようになり行動範囲が広がります。母親にもらった免疫が切れるので感染症にかかることも。知っている人と知らない人の区別がつく頃なので人見知りや後追いなどがはじまります。

7〜8ヵ月
手で支えなくてもおすわりができるようになるので、これまでよりも目線が高くなり、見える範囲が広がります。夜泣きや寝ぐずりなどをする子も。下の前歯2本などから、乳歯が生えはじめます。

8〜9ヵ月
ハイハイで素早く移動するようになります。身近な人への愛着が強くなり、人見知りが強くなる子も。好奇心がとても旺盛になり、大人のまねをしたがります。

赤ちゃんとのかかわり

6〜7ヵ月
人見知りがはじまりますが、それは発達の証拠。気長に慣れるのを待ちましょう。また、読み聞かせや音の出る絵本などを喜ぶようになるでしょう。1本でも歯が生えたら、オーラルケアの習慣をそろそろはじめましょう。

7〜8ヵ月
ハイハイができるようになる子もいます。家の中全体を見直し、小さなものを片づけるだけでなく、コンセントや出っ張りなどに安全対策を。B型ベビーカーに乗れるようになるので、積極的に外の刺激を与えましょう。

8〜9ヵ月
赤ちゃんの後追いなどで昼夜1人になれないと、ストレスを感じる親御さんもいるでしょう。そんなときは頼れる人に預けたり、ベビーカーや自転車で外へ出かけてみては。赤ちゃんも新鮮な刺激を受け、親子ともに解放感が味わえます。

赤ちゃんの睡眠

●6〜9ヵ月
昼間起きて、夜寝るリズムにだんだんと整ってきます。お昼寝は午前と午後の2回程度になります。夜泣きは、一般的に生後6ヵ月くらいからの赤ちゃんに多く見られます。

母親の体

●6ヵ月〜
この頃の産後の母親の悩みの上位は「腰痛」「肩こり」「体全体のだるさ」「体重が戻らない」などです。また、両親共に睡眠が十分に取れず、疲れがたまってくることも。育児の合間にストレッチやヨガなどで体をほぐし、気分転換をする時間をもちましょう。

9〜10ヵ月

足腰の力がいっそうついてきます。ハイハイが上達して、つかまり立ちもはじまるので、目が離せなくなってくるでしょう。親指と人差し指でものをつまめるようにもなります。

大人のまねをして「バンザイ」や「バイバイ」などをするようになります。動き回るので着替えやオムツ替えが大変になりますが、たくさん語りかけて子どもとのコミュニケーションを楽しみましょう。9〜10ヵ月健診を受けましょう。

10〜11ヵ月

つかまり立ちから伝い歩きをはじめる子もいます。興味のあるものを指さしたりすることも。ハイハイにはバリエーションが多く、ハイハイ自体しない子もいます。

名前を呼ばれると自分だとわかって、振り返ったり、「アー」などと声を出したりするようにもなります。大人のまねが大好きなので、手遊びなどを見せて、子どもの「まねする力」を育みましょう。

11〜12ヵ月

つかまり立ちや伝い歩きが上手になってきます。運動量が増えるので、だんだんと引き締まった体型になってきます。「マンマン…」「アッアッ」などとおしゃべりをはじめます。

「ちょうだい」と言えばものを渡してくれたり、「どうぞ」と言ったら受け取ってくれたりといったやりとりができるようになります。意思表示も豊かになるので、いろいろな言葉やしぐさで気持ちを伝えてみましょう。

●9ヵ月〜
1日の睡眠時間は12〜14時間ほどで、午前中のお昼寝が短くなります。1歳をすぎると午前のお昼寝をしない子も。今まで夜はぐっすり眠っていた子が、何度も目覚めてなかなか寝ついてくれなくなることがあります。赤ちゃんが不安を感じるようになったのでしょう。

●10ヵ月〜
卒乳をすると、大きくなった乳房は元のサイズに戻っていきます。

赤ちゃんの接し方の基本

完璧を目指さなくて大丈夫

いよいよ赤ちゃんとの生活がはじまりました。新生児のうちは、赤ちゃんは1日のほとんどを寝て過ごします。ですから最初のうちは、むずかしいことは考えずに、赤ちゃんが起きて泣いたら抱っこをし、オムツを替えたり、授乳をしたり、赤ちゃんのペースにあわせてやっていきましょう。

赤ちゃんを泣かせることに罪悪感をもってしまう親御さんも多いようです。けれども、それはそんなに悪いことでしょうか。少なくとも、赤ちゃんの体に害があるわけではありません。また、元気でなければ、赤ちゃんは泣くことさえできません。赤ちゃんが泣くことを悪いこととととらえず、「あら、パパやママを呼んでいるのね」くらいの気持ちで大らかに育児を楽しんで。

人間の赤ちゃんは、1人でいろんなことができるようになるまで時間のかかるものです。また発達や成長は千差万別。育児書に書かれている通りでないことにも、これからたくさん遭遇することでしょう。でも、成長しない赤ちゃんはいません。がんばりすぎずに、「子育てに正解はない」と考え、できるだけゆったりとした気持ちで赤ちゃんと接しましょう。

赤ちゃんはパパやママのやさしい声や抱っこが大好き。親が笑顔で赤ちゃんに接することが、赤ちゃんにとって一番の幸せなのです。

産後の体と心のケアが最優先

出産後の母親はホルモンバランスがいつもとは違うので、気持ちが不安定になることも多いですし、はじめての育児で疲労も蓄積しやすいもの。しばらくの間、パートナーの一番の役目は、家事や育児をすることはもちろん、産後の母親をいたわることかもしれません。出産直後は産褥期といって、6～8週間ほどかけて妊娠前の体に戻っていく大切な時期。そのため、この時期の母親は体を休めることをできるだけ優先させたいものです。どちらか一方が育児を荷うのではなく、2人で我が子を育てていくという意識が重要です。とはいえ、その時々の家庭や仕事の事情で、どちらかに育児の比重がかたよることはあるものです。赤ちゃんや家族と接する時間がたくさん取れなくても、眠っている赤ちゃんに語りかけたり、パートナーに赤ちゃんがどう過ごしたか聞くだけでも、育児の強力なサポートになります。家事などは、有料の家庭サービスや宅配食を手配するという方法も。夫婦ともに慣れるまでは、周囲の手やサービスをうまく利用して、家事・育児のペースをつくっていきましょう。以下は産後の母親に起こりやすいトラブルです。★印の症状のときは、医療機関の診療を受けましょう。

- ●肌荒れ
- ●シミが増える
- ●抜け毛
- ●尿もれ
- ●産後ブルー

- ★悪露が増える
- ★会陰が痛む
- ★38℃以上の発熱
- ★貧血
- ★極度のむくみ
- ★乳房の強い腫れ

授乳について

母乳のメリット、ミルクのメリット

母親は、消化吸収がよく、赤ちゃんに必要不可欠な栄養素が含まれている完全栄養食品に近いものです。母乳を通して、母親の免疫物質が赤ちゃんに与えられることも知られています。そのほかのメリットとして、母乳を出すことで、産後の子宮の回復を早めるという効果や、妊娠中に増えた体重をすみやかに減らすという効果も。

一方、ミルクも近年、できうる限り母乳に近い栄養になっています。母親以外の人でも授乳できることが最大のメリット。母親が何らかの理由で母乳をあげられないときも安心です。

誰もが最初から母乳が十分に出るとは限りません。赤ちゃんの成長に足りないときは、ミルクを足すことを検討します。また、母乳が出ているのに、赤ちゃんがうまく吸えないという場合もあります。その場合は、乳頭保護器を使ったり、搾乳した母乳を哺乳ビンであげたりしながら、直接飲ませる練習をしましょう。

母乳育児を希望していたが、それがかなわずミルクによる育児を選択したとしても、赤ちゃんの人生に違いが出るわけではありません。抱っこしてスキンシップを楽しみながら授乳する経験は、どちらも同じく尊いものです。

授乳にまつわるトラブル

授乳中のトラブルは以下の通り。授乳中の服薬については専門家の指示をあおいで。「国立成育医療研究センター」では、授乳中のお薬相談をWEB予約の上行っています。https://www.ncchd.go.jp/kusuri/process/

● **母乳があまり出ない**
産後、赤ちゃんから吸われる（乳頭に刺激を受ける）回数が多いほど母乳がつくられます。一方、母親が睡眠不足だったり、授乳間隔があきすぎたりすると母乳は出にくくなります。母乳が増えないときは母乳にくわしい医師・助産師に相談を。

● **赤ちゃんがげっぷをしない**
母乳の場合は空気をあまり飲み込まないので、必ずげっぷをさせなくてもいい場合があります。げっぷが出ず、吐きそうであれば、長めに抱っこをしたり上半身を高くして寝かせたりします。

● **乳頭が切れた**
赤ちゃんが強い力で吸うため乳頭部分が切れてしまうこともあります。ひどい場合は皮膚科を受診して軟膏などを処方してもらいましょう。

● **赤ちゃんが母乳を吐いてしまった**
赤ちゃんの消化器官は未熟なので、赤ちゃんがたらりと少量あるいは勢いよく多量に吐いてしまうのはよくあること。機嫌がよく、母乳をまだ欲しがるようなら心配ありません。

● **乳頭周辺のしこり**
乳房が張っているのに一部の乳腺がつまってしまっているとしこりができます。乳輪をゆっくりと指で押しながらもんだり、搾乳や赤ちゃんに吸ってもらうことで改善します。

● **乳房の痛みや熱**
乳腺が炎症を起こして乳房全体が痛くなり、悪化すると脇の下のリンパが腫れたり高熱が出たりします。こうした症状になったら、すぐに医療機関を受診しましょう。

赤ちゃんの環境づくり

赤ちゃんが健康でいられるスペースとは？

　赤ちゃんは体温調節機能が未熟なので、快適な温度と湿度、風通しなどに気を配りたいもの。やわらかな自然光が窓から入る位置が理想的です。ベッドか布団かは赤ちゃんの世話をしながら、やりやすいほうを使っていけばいいでしょう。一番は、いつも家族の目の届くところに赤ちゃんのスペースがあるということ。周囲に落下するようなものはないか、またエアコンの風が直接あたらないかなどをチェックして、安全性を最優先しましょう。

　室温は外気プラス・マイナス5℃程度、湿度は50〜60％程度が目安です。カビやダニの発生を防ぐため、部屋のこまめな換気と掃除を心がけましょう。
　赤ちゃんと一緒に暮らす家族はこの機会に禁煙を。タバコの副流煙から、安全でないレベルの一酸化炭素やたくさんのアレルゲンを赤ちゃんが吸入してしまいます。たとえベランダで吸っても、呼気や煙がしみ込んだ衣服から受動喫煙することになるので注意。

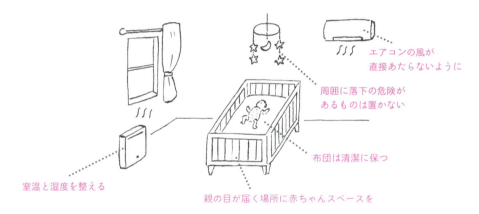

- エアコンの風が直接あたらないように
- 周囲に落下の危険があるものは置かない
- 布団は清潔に保つ
- 室温と湿度を整える
- 親の目が届く場所に赤ちゃんスペースを

「乳幼児突発死症候群」を予防する

　さっきまでスヤスヤと寝ていた赤ちゃんが、気づいた時にはすでに突然死亡しているのが「乳幼児突然死症候群（SIDS：Sudden Infant Death Syndrome）」です。異変に気づいて救急車を急いで呼んだけれども、亡くなってしまったという状況が多いようです。令和4年度の乳児期の死亡原因の第4位で、47人の赤ちゃんが亡くなりました。
　原因は解明されておらず、確実な予防方法がありませんが、そのリスクを避けるために以下のことが推奨されています。
- ●うつぶせ寝にしない
- ●妊婦や赤ちゃんと一緒に暮らす人は喫煙をしない
- ●できるだけ母乳で育てる
- ●ソファのようなやわらかいものの上で一緒に寝ない
- ●赤ちゃんの体格にあった適切なかけものを使う
- ●赤ちゃんをあたためすぎない

赤ちゃんの肌着&ウエアの目安

　赤ちゃんは汗っかきなので、汗をよく吸い取る肌着の上にウエアを組みあわせて着せます。肌着もウエアも吸湿性、保温性にすぐれた綿100％のものがいいでしょう。シンプルなデザインの、着替えさせやすい前開きのものがおすすめです。

　新生児の頃はまだ体温調節がうまくできないので、冬は大人と同じか1枚多めに着せましょう。1ヵ月過ぎたら、大人と同じか1枚少なくて大丈夫。背中が汗ばんでいたら赤ちゃんにとって「暑く」、手足が冷たかったら赤ちゃんにとって「寒い」というのが目安です。

● サイズの目安

50～60cm	0～2ヵ月児
60～70cm	3～5ヵ月児
70～80cm	6～11ヵ月児
80～90cm	1歳～1歳6ヵ月児

■ 季節別　0～6ヵ月児の肌着&ウエア　組みあわせ例

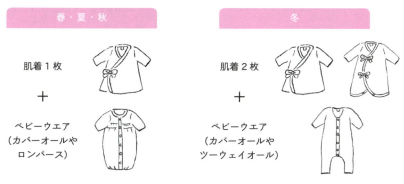

春・夏・秋：肌着1枚 ＋ ベビーウエア（カバーオールやロンパース）

冬：肌着2枚 ＋ ベビーウエア（カバーオールやツーウェイオール）

※肌着とウエアは6枚くらいずつあると安心です。

赤ちゃんのスキンケア

　赤ちゃんの肌はよだれやミルク、うんちなどで汚れやすいもの。肌のバリア機能がまだ低いので、清潔にして保湿をしましょう。沐浴は1日1回と決めずに、暑くて汗をいっぱいかいたような日や下痢などでおしりが汚れたときは、シャワーや座浴などで清潔を保ちましょう。

　赤ちゃんの体を洗うときは、よく泡立てた石けんで、タオルやスポンジを使わずに指の腹で洗います。はじめから泡で出てくる石けんもあります。洗ったあとは石けんが残らないように、よく流しましょう。

　お風呂上がりにはワセリンなどの保湿剤を塗りましょう。赤ちゃんは大人に比べて肌の水分量や皮脂量が少ないもの。生まれて早い時期から保湿を心がけると、アトピー性皮膚炎の予防効果もあるといわれています。保湿剤の使用は1日2回が目安ですが、乾燥が気になるときは肌の様子を見ながら塗ってもいいでしょう。

離乳食の進め方の目安

乳児編

	離乳食前期	離乳食中期
月齢	**5〜6ヵ月** 回数：1日1〜2回	**7〜8ヵ月** 回数：1日2回
進め方のポイント	赤ちゃんが食べることに興味を持ちはじめたら、離乳食のはじめどき。赤ちゃんが「食べることは楽しい」と思えるよう、その子の成長にあわせて進めていきましょう。まだ歯が生えていないので、口を閉じて食べものを飲み込む練習になります。1ヵ月ほど経って、ごくんと飲み込めるようになったら、2回食へと進めて。食後は欲しがるだけ、母乳・ミルクを与えます。	離乳食をはじめて1ヵ月経ったら、2回食で食事のリズムをつけていきます。口に入ったものをただ飲み込んでいたのが、舌と上あごでモグモグと押しつぶしながら食べられるようになります。食べていい食品も多くなるので、食後の様子や便がゆるくなっていないかはチェックしましょう。まだ母乳やミルクからの栄養が必要な時期なので、食後に欲しがるだけ授乳をしてOK。
内容とかたさ	ポタージュくらいのかたさからスタート。最初は米1：水10の割合の10倍がゆなどを与える人が多いです。10倍がゆでは薄すぎるので、いつまでもあげていては栄養不足に。スプーンから流れ落ちない程度の濃さに調節し、野菜ペーストや豆腐、パンがゆなども与えます。	食材は舌でつぶせる絹ごし豆腐くらいのやわらかさにし、大きさははは2〜3mm程度にするのが目安です。おかゆからだんだんとやわらかいご飯へと進み、野菜、白身魚や赤身魚、鶏のささみやひき肉などが食べられるようになります。卵はゆでた卵黄からスタート。
注意点	●**食物アレルギーが出やすい食品の与え方** アレルギーの原因になりやすいのは鶏卵、牛乳、小麦。この3つで全体の2/3を占めます。それ以外にクルミ、ピーナッツなどの木の実類、果物類、イクラなどの魚卵類、甲殻類、ソバ、大豆などがあります。 これらを初めて食べる際には、一度に1種類にします。例えば初めてうどんをあげる際には、初めての果物は与えません。アレルギーの原因になりやすい食べ物でなければ一度に何種類かをあげても通常、大丈夫です。何か症状が出た際にすぐ医療機関にかかれるように、心配な時には平日の午前中に食べさせましょう。事前に血液検査をする必要はありません。	

離乳食後期	離乳の完了
9〜11ヵ月 回数：1日3回	**1歳〜1歳6ヵ月** 回数：1日3回＋おやつ

離乳食が3回になるので、大人と一緒のタイミングで食事ができるようになります。1日3回食のリズムを整えながら、家族と一緒に楽しく食卓を囲む体験を大事にしましょう。前歯が生えてくる赤ちゃんも多く見られますが、この時期の赤ちゃんは奥の歯ぐきで食べものを押しつぶして食べます。栄養は、離乳食6〜7対母乳やミルクが3〜4くらいで、徐々に授乳の量も減っていきます。

前歯が生えそろって、奥歯が生えはじめます。手づかみ食べができるようになり、スプーンやフォークを使って食べる練習もはじめられます。いろいろな味や舌触りを楽しめるように、与える食品の種類を増やし、自分で食べる楽しみを大事にしましょう。栄養の大半を離乳食からとれるようになります。ただし、まだ一度にたくさんは食べられないので、足りない栄養はおやつなどで補います。

指で押しつぶせる熟したバナナくらいのかたさが目安。全卵（1/2程度）、青魚、豆類なども食べられるように。母乳の割合の多い赤ちゃんは鉄分が不足しがちなので、鉄が豊富で消化・吸収のいい赤身の肉や魚をしっかり食べさせて。赤ちゃんの様子を見ながら、少しずつ切り方を大きくしていきましょう。

食材のかたさは、やわらかい肉団子やゆで卵くらいが目安です。全卵は1/2〜2/3程度食べられます。おやつは果物やヨーグルトなど、食事だけでは不足しがちな栄養を中心とした内容を考えていきましょう。この頃から、牛乳も飲めるようになります。

● **子どもにあげるときに気をつけたい食品**

はちみつ：ボツリヌス菌芽胞が含まれている可能性があるので、与えるのは、1歳をすぎてからにしましょう。

もち：ねばりが強いのでのどにつまる可能性も。最初に与えるときは小さく切って与えましょう。

刺身：生食は3歳くらいまで避け、それまでは加熱して与えて。

パイナップル・パパイヤ・マンゴーなど：たんぱく質分解酵素が多く、唇や舌が刺激されてトラブルになりやすいので、3歳をすぎてからにしましょう。

ヒジキ：大量に摂らないほうがいい成分が含まれているので、毎日食べるのはやめましょう。

飴・ナッツ類・豆類・プチトマト・ブドウ：気道に詰まりやすい形態の食品、噛み砕きにくい食品は誤嚥や窒息の危険性があります。飴やナッツ、豆は大きくなるまで与えない、小さくて丸いものは切って与えるなど気をつけましょう。

赤ちゃんのオーラルケア

歯磨き習慣の身につけ方

　生後6〜8ヵ月になると、下の前歯から乳歯が生えはじめます。乳歯が1本でも生えてきたら、歯磨きの習慣づけをはじめましょう。

　生えはじめのこの時期は、歯磨きというより口まわりを触られることに慣らすのが大事。寝る前などに、ガーゼや綿棒などで歯をふく習慣をつけましょう。

　赤ちゃん用の歯ブラシを用意して、持たせたりかませたりすると、歯ブラシに慣れていきます。子どもが歯磨き習慣に慣れてきたら、赤ちゃんに遊び感覚で磨かせて、そのあとに大人の膝の上などに頭をのせ、仰向けにして仕上げ磨きをします。歯1本につき5秒くらいが目安です。

　歯磨きの時間が長すぎたり、力を入れすぎて、赤ちゃんが歯磨きをいやがらないように気をつけて。上唇をめくるとミルクや食べもののカスがついていることがありますので、それもガーゼで拭うなどしましょう。

虫歯や感染症にさせないための予防策

　ひと昔前は、親がかみくだいたものを離乳食として赤ちゃんに食べさせていたりもしました。けれども現在は、食べものを口うつししたり、スプーンやコップを共有したり、口へのキスは避けることが、常識となっています。

　虫歯の心配だけでなく、ピロリ菌や風邪などのウイルスも唾液で感染します。大人が使ったスプーンやコップで、飲みものや食べものを赤ちゃんにあげないようにしたり、他人が一度口にした食べものはあげないようにして、赤ちゃんの健康を守りたいものです。

　また、虫歯予防にはフッ素が効果的です。フッ素は歯の再石灰化を促進したり、歯質を強化したりします。フッ素が体に悪いという情報もありますが、それは常識外に大量摂取した場合なので、予防に使われる程度の量なら安全です。フッ素は歯科医院や保健センターなどで塗布できますし、市販のフッ素入りジェルを利用してもいいでしょう。

かかりつけ小児歯科を見つける

　小児科のかかりつけ医がいると安心なように、歯科のかかりつけ医も見つけておくといいでしょう。できることなら、子どもの歯科にくわしい歯科医院が望ましいですね。歯科の中には小児歯科といって、子どもを専門、または中心に、専門の知識と技術をもった医師とスタッフが、予防や保健指導、治療を行っているところがありますので、かかりつけ医を探す際の目安にしてください。

　ただし気をつけたいのは、看板に「小児歯科」とかかげてあっても、小児歯科の専門医や認定医がいるとは限らないという現状です。小児歯科の専門医・認定医がいる医療機関は以下で検索することができます。

『日本小児歯科学会 専門医・認定医がいる施設検索』
◎専門医　https://www.jspd.or.jp/facility_search/
◎認定医　https://www.jspd.or.jp/certifying_physician/

　小児歯科で定期健診を受けている子どもは、受けていない子どもに比べて虫歯が少ないというデータもあります。きれいな乳歯はきれいな永久歯や正常な歯並びへの第一歩。小さい頃から予防につとめたいですね。

卒乳について

卒乳のタイミング

赤ちゃんに授乳することに幸せを感じる人は多いですが、いつかは卒業させなければなりません。そのタイミングについては、人によって環境も考え方も違うので、いつすればいいという決まりはありません。

母乳育児の場合は、我が子を保育所に預けるタイミングで考える人もいますし、乳腺炎などのトラブルや、授乳中は避けなければいけない薬を飲む必要が出てきて卒乳したという人もいます。

授乳は単に栄養をとるだけのものではなく、親子のスキンシップにもなるので、子どもが欲しがるのなら無理に卒乳をする必要はありません。子どもが欲しがるなら、いつまででもあげていいのです。ただ1歳頃になると、「そろそろ…」と考える人が多いようで、そんなときは、赤ちゃんが卒乳できる時期かどうか見極めましょう。

☐ 離乳食を1日3回＋おやつをしっかり食べている
☐ 哺乳ビンやストロー、コップなどで水分補給ができる

上記の要素がそろったら、卒乳しても問題のない時期に入っています。とはいえ、やめられる時期は子どもによって異なるので、あせりすぎないようにしましょう。卒乳をしようとして、夜泣きや後追い、ぬいぐるみや毛布などへの愛着、かみつき、吃音など、以前にはなかったことが出てくるようなら卒乳を見直すことを考えましょう。

スムーズに卒乳するポイント

昔は卒乳に苦労したという人も多いので、卒乳情報をさまざまな方法で検索される人も多いようです。卒乳の方法には、おもに以下の方法があります。

まずは、毎日一定の時間だけ授乳をやめる方法です。昼間は離乳食と水分だけをあげて、夜寝る前だけ授乳をする、あるいは、日中は授乳し、夜中に起きてしまったら十分にスキンシップをとり、お茶やお水といったほかの水分をあげて眠れるようにしていくのです。このペースに慣らして、数週間から数ヵ月かけて少しずつ卒乳していきます。

もうひとつは、2～3日に1回ずつ授乳回数を減らしていくという方法です。とくに母乳育児の場合、少しずつ減らすことで母乳の生成量も減っていくので、乳房の張りや痛みも少なくてすみます。この卒乳期間は離乳食で栄養と水分をしっかりと与え、スキンシップも十分にとりましょう。

そのほか、親から子どもに促さず、子どもが欲しがったときだけ授乳する方法もあります。子どもは食事のあとに授乳を忘れて遊びだしたときなどがチャンスです。子どもにねだられそうになったら、好きな飲みものやおやつを与えたり、絵本を読んだり、外に出かけるなどして、習慣的な授乳をやめていくのです。

いずれにせよ、子ども自身が「ほかにも美味しい食べものや飲みものはいっぱいある」「おっぱいやミルクがなくてもママやパパに甘えられる」と思えれば、自然と卒乳に向かえます。

しかし、子どもが泣いて欲しがったり、グズったりしたら、ついあげてしまうようだと、うまくはいきません。あげないと決めたら、強い意志をもって乗り切りましょう。

子育て情報やサポートについて

新生児訪問・こんにちは赤ちゃん訪問

「新生児訪問」は生後28日（里帰り出産の場合は60日）までの、「こんにちは赤ちゃん訪問」は生後4ヵ月までの赤ちゃんのいる家庭を保健師などが訪問して、母親と赤ちゃんの健康状態を見たり、親の相談にのったり、子育て支援に関するサービスを紹介したりする国のサポートです。子育て家庭と地域のつながりのきっかけづくりにもなります。

母子健康手帳についているハガキや連絡票を出すことで、個別に連絡がきます。はじめての育児はわからないことだらけ。直接、専門家のアドバイスを個別に受けられる機会なので、ぜひ活用しましょう。

乳児編

「もしも」のときの相談先＆検索先

はじめての育児では、子どもの様子がおかしいときにどうすべきか悩むことも多いでしょう。急病でなくても、ちょっとしたことに「これでいいの？」と迷うようなら、無料の電話相談や情報サイトを利用してみてはどうでしょうか。自治体ごとにいろいろな支援があります。以下に代表的なものを紹介します。

● **小児救急電話相談**
#8000（全国同一）　実施時間は自治体ごと
小児科医師・看護師から、生後1ヵ月～6歳までの、さまざまな症状に対する対処の仕方や受診すべき病院などのアドバイスを受けられます。
http://kodomo-qq.jp/

● **夜間休日診療の探し方**
夜間や休日に子どもの具合が悪くなると、どうしたらいいかわからないもの。ほとんどの市町村で、救急の医療情報をインターネットなどで掲載していますが、小さな子どもがいるなら、休日当番医を知っておくと安心です。夜間や休日に診療ができるように医療機関が当番を決めて対応する制度です。市報（区報）などにも必ず掲載しているのでチェック！

● **育児相談電話**
03-3222-2120　月曜～金曜（土日祝、年末年始除く）
午前10～12時　午後1～4時
日本保育協会が運営する育児に関する無料相談室。乳幼児の子育て全般の悩みに対応しています。

● **全国都道府県助産師会における相談窓口**
助産師による電話相談。妊娠・出産・子育て、思春期、不妊の悩みなどに対応しています（別の相談対応中など、出られないこともあります）。住んでいる自治体ごとの連絡先は以下から検索を。
http://www.midwife.or.jp/general/supportcenter.html

仕事復帰に備える

子どもの預け先を確保しよう

仕事をする人にとって一番の悩みのタネは子どもの預け先でしょう。地域によっては、保育所数は不足していて待機児童の数がなかなか減らない場合もあります。

親の働き方と子どもの年齢などで入所可能な施設は異なります。ネットにも「保活」情報はあふれていますが、まずすべきは自治体で最新情報を入手すること。親子で通える範囲にどんな保育所があるのか、保育所の入所難易度や自身の保育指数（保育の必要性を数値化したもの）など、お住まいの自治体の窓口でたずねましょう。

現在、国から認可されている保育施設には、認可保育所、認定こども園、小規模保育、家庭的保育、事業所内保育があります。これらは国や自治体などから出るお金を受けて行う保育なので、公的な保育という安心感があります。そのほか認可外保育施設や、東京の認証保育所のような自治体が基準を設けて設置している施設もあります。いずれも施設によって、保育料、保育時間、休日、準備するものなどに違いがあるので、どんな施設が自身の働き方にあっているか、よく検討しましょう。

仕事復帰カウントダウン

産休・育休を取っていた人は、育児に慣れてきたら職場復帰のための準備を進めましょう。復帰予定の前になったら生活も体も態勢も整えていくと安心です。上司に連絡をとって復職予定の時期や子どもの預け先状況などを伝えます。可能なら産休・育休中の仕事の情報なども同僚に聞いておきましょう。

パートナー同士で家事や育児など、復帰後にどう役割分担をしていくのか、子どもが病気のときや保育所の行事などはどうするか、事前に話しあっておきましょう。仕事と家事・育児との両立は大変なものですが、そこで身につく時間管理能力やマルチタスク能力は、今後の人生で役立つ得難い能力です。気負いすぎずに、周囲の力を借りながら、徐々に自分たちらしい両立のペースをつくっていきましょう。

よりよいワーク・ライフ・バランスの実現のため、おもに以下のような子育て家庭のための制度があります。

● **育児休業制度**
夫婦とも、子どもが2歳になるまで仕事を休業することができます。

● **育児短時間勤務制度**
3歳に満たない子どもを育てている人は勤務時間を短縮することができます。

● **時間外労働の制限**
未就学児を育てている人は、申し出により、1ヵ月24時間1年150時間を超える時間外労働は免除されます。

● **子の看護休暇**
小学校就学に達するまでの子どもを育てている人は、子どもの疾病やケガなどの看護や予防接種・健康診断などのために年間5日まで休暇を取得することができます。

● **不利益取り扱いの禁止**
出産や育児などを理由に解雇、またはその他の不利益な取り扱いを会社が社員にすることは法律で禁じられています。トラブルがあったときは都道府県労働局雇用環境・均等部（室）に相談しましょう。

Notes & Thoughts

Notes & Thoughts

Notes & Thoughts

Notes & Thoughts

幼児期の成長と育児のポイント

幼児期前半

年齢と特徴	1～1歳半頃 自我の芽生え	1歳半～2歳頃 好奇心・探求心が旺盛	2～3歳頃 第一次反抗期のはじまり
心と体の成長	自分の思いを一方的に通そうとするなど、自己主張しはじめる時期。協調性や社会性を育むための土台づくりの時代。その一方、行きたい方向を指さしたり、簡単な単語が理解できるようになったりするので、少しずつコミュニケーションがとれるようになります。1～1歳半の間にほとんどの子どもが歩けるように。	安定して歩けるようになるだけでなく、発育の早い子は走れるように。階段の上り降りもできるようになるので、行動範囲が広がります。より好奇心旺盛になり、部屋の中のいたる所を探検しはじめます。感情面では、喜怒哀楽の表現が豊かになり、はにかみや嫉妬といった感情も見られるようになります。	はねたり、少し高い所から飛び降りたりできるようになるなど、運動能力も飛躍的に高まる時期です。感情面では、自己主張がさらに激しくなるなど、第一次反抗期を迎えます。わがままを言ったり、反抗したりしたかと思うと甘えてきたり、感情がコロコロと変わるので親も対応に困ることが増えます。
育児のかかわりポイント	意味のある短い言葉を1つ2つしゃべれるようになるので、できるだけ丁寧な言葉かけで子どもの語彙を増やすサポートをしたいもの。親の話す言葉もわかるようになるので、「ダメ」「いけません」といった命令や制止の言葉は理解できるように。好奇心旺盛で、いたずらをしたり、何でも自分でやりたがる時期ですが、親はなるべく「ダメ」ばかり言わないように注意しましょう。	自己主張をしつつも、親への依頼心も強い時期です。公園などに行くと、友だちの輪に入りたいのに、1人で行けずに、親の手を引いて一緒に行こうとすることも。まだ感情のおもむくままに行動する時期ですから、友だちと一緒に遊ぶのはむずかしいこともあります。そういったときは、親が一緒に遊ぶなどして、少しずつ社会性を育みましょう。	独占欲が強い時期なので、友だちとおもちゃの取りあいなどをすることもありますが、これは成長の一過程です。おもちゃをひとり占めしても悪気があってしているわけではありませんが、トラブルに発展するようなら親が仲裁を。「イヤ」と主張したら、親は頭ごなしにそれを否定せずに代替案を出したり、交換条件をつけたりして、子どもが決められるように促して。

幼児編

| 幼児期後半 |

3〜4歳頃
友だちと遊ぶなど社会性の発達

1人で衣服の着脱や手を洗うことなどができるようになります。まだ反抗期ですが、言い聞かせると聞き分けられるようになってきます。また、身近なものへの関心が高まり、「どうして？」「なぜ？」といった質問を繰り返すなど、好奇心がさらに旺盛に。仲間意識が出てくるので、友だちと遊ぶ楽しさがわかるようになります。

手先が器用になるので、箸の持ち方の練習ができるようになりますが、子どもによって個人差があるので、無理強いしなくてOK。子どもの「なぜ？」の質問にはめんどうがらずに答えて、子どもの好奇心を満たしましょう。すべり台の順番を守ったり、おもちゃの貸し借りができるようになるなど、友だちと楽しく遊ぶために、子どもも少しずつ我慢することを覚えます。親は友だちと遊ぶ機会をつくりましょう。

4〜5歳頃
社会性や協調性の発達

体のバランスがとれるようになり、片足とびのような運動もできるように。ひもが結べるようになるなど手先が器用になります。保育所や幼稚園など集団生活の経験を通して、好き嫌いや恐れ、愛情といったより細やかな感情が表現できるようになっていきます。「○○だから」など接続語を入れた表現もできるようになります。

身のまわりのことを1人でできるようになるので、なるべく子どもに任せましょう。歯磨きや自分の衣服を用意する、食事前や帰宅後の手洗いといった、基本的な生活習慣を身につけていきましょう。規則正しい生活ができるように、就寝時間、テレビの視聴時間などの約束をつくって守らせることも大事です。子どもが眠くないからといって、いつまでも遊んだり、テレビを視聴させたりしないように注意して。

5〜6歳頃
自分で考え、行動できる

運動能力や知的能力、情緒の発達も大人に近づきます。わがままをいうことも少なくなり、心身ともに安定した時期になります。保育所や幼稚園でも、年下の子どものめんどうを見て、一緒に遊んだりできるようになります。また、言われたことを守ろうとしたり、お手伝いをしたりするなど、頼もしい一面が出てきます。

子どもがお手伝いをしたがるようになるので、洗濯物をたたんだり、食卓の準備をさせたりしましょう。お手伝いをしたら、親は「ありがとう」と、必ず子どもに感謝の言葉を伝えましょう。この時期になると、子どもは社会的なマナーも理解できるようになるので、「ここでは大声は出さない」「ここでは走らない」などと、公共の場での決まり事について伝えて、子どもが守れるように指導しましょう。

生活リズムを整えよう

生活リズムは早寝・早起き・朝ごはんが基本

　2歳をすぎると、お昼寝の回数も少なくなり、日中に起きている時間が長くなります。幼児期で大切にしたいのが、早寝・早起き・朝ごはんの規則正しい生活のリズムをつくることです。家庭の状況によっては就寝時間や食事の時間が不規則になったりするかもしれませんが、こうした生活が成長や健康に悪影響を及ぼすこともあります。生活リズムは自然に身につくものではないので、日頃からなるべく決まった時間に寝起きや食事をするなど習慣化しておくと、成長してからも規則正しい生活をおくることができます。

　十分な睡眠をとることは、子どもの成長にとって大切です。深い眠りの妨げになるので、寝る直前までテレビやスマートフォンを見せたり、夜遅い時間に子どもを連れ出したりしないように注意しましょう。食事を朝・昼・晩の決まった時間にとることで、睡眠・排便のリズムが整います。夜遅くに食べてお腹が空いていないとか、遅くまで起きていたから眠くて朝ごはんが食べられないなどという生活習慣をつくってはいけません。

　体を使った外遊びをしておくと、夜ぐっすりと眠ることができます。そして夕食後は、入眠準備のためにも、親子でリラックスできる遊びや読み聞かせをするのがおすすめです。眠りにつきやすいように照明を暗めにするなど環境を整えることも大切です。

子どもの遊びの特徴と注意ポイント

　2歳頃になると歩行が安定し、滅多に転ばなくなり、少し走れるようにもなる時期です。また手指がより発達するので、2〜3個の積み木も積み上げられるように。鉛筆などを使って、垂直や水平の線をまねして引けるようにもなります。

　3〜4歳頃になると跳ぶ、走る、よじ登るなどの行動ができるようになって、さらに活動的に。ひとり遊びから友だちと遊べるようになる時期。想像力がめざましく発達し、ごっこ遊びやなりきり遊びなども楽しみはじめ、歌を歌ったり数も10くらいまで数えたりできるように。

　5〜6歳頃になると鉄棒や棒登りができるなど運動機能がさらに伸び、積極的に外遊びを楽しめるようになります。遊びを発展させて子ども同士でルールをつくる集団遊びや、お店屋さんごっこなど役割のある遊びができるようになります。

　最近は、生まれたときから、テレビやスマートフォンが身近にあるので、便利でついそれらに子守りをさせてしまうことがあります。ですが、長時間テレビやスマホを視聴させることはよくありません。というのも、長時間の視聴は、親子のコミュニケーションの時間や、子どもが体を動かす時間を奪うなど、心身の発達に影響が出る危険性があります。

　けれども、忙しいときや公共の場で子どもに静かにしてほしいときに、スマホのアプリで遊ばせると親は助かることもありますから、まったくいけないというわけではありません。テレビやスマホで遊ときは、子どもひとりで長い時間視聴させずに、話しかけるなど、大人がコミュニケーションをとりながら一緒に見ましょう。決めた時間やタイミングにしか見せないというルールづくりも大切です。

トイレトレーニングについて

トイレトレーニングをはじめる時期

　子どもが排泄をコントロールできはじめるのが2歳後半です。3歳になれば、自分でトイレに行けるようになりますが、遊びに夢中になっていると、おもらししてしまうこともあります。トイレトレーニングの目的は、「おしっこやうんちはトイレでする」習慣を身につけることです。ずっとオムツを使っていた子どもは、トイレの存在も知らなければ、大人のように「おしっこをしたい」という感覚をつかんでトイレに行くのも難しいということをまず理解して。子どもが興味をもつように、おしっこがトイレでできると気持ちいいことを、日頃から伝えておくといいでしょう。

　トイレトレーニングをはじめる時期は、2歳以降の夏頃が最適です。その理由は、汗をかく回数が多く、おしっこに行く回数が少ないことや、おもらしをしても冷たくならないからです。ただし、2歳の夏というのはあくまでも目安。子どものトイレトレーニングをはじめる時期を見極める目安は、次の3つです。

□ おしっこやうんちという言葉が理解できる
□ 日中のおしっこの間隔が2〜3時間あく
□ おしっこやうんちに興味がある

　これを目安にごはんやお昼寝のあとなどに、「トイレに行って、おしっこしてみる？」などと誘いましょう。うまくできたら、たくさんほめると、子どものやる気につながります。

トレーニングは子どものペースで

　トイレトレーニングで気をつけたいのが、周囲の子どもがはじめたり、同年齢の子がオムツがとれたからといって、「我が子も」とあせることです。幼稚園入園前にオムツをはずしたいなどと親がいくら思っても、タイミングは子どもによって違いますから、うまくいかないこともあります。あくまでも子どものタイミングにあわせることが大切です。

　秋冬生まれの子どもは、トライしやすい夏をすぎてしまうこともありますが、心配は無用です。冬の日中で暖かい時間を選んでパンツで過ごすなど、工夫次第でチャレンジすることは可能です。この時期は、衣服の着脱など自分のことを何でもやりたがるので、着脱しやすい服装を選びましょう。

　うまくいかないこともあるでしょうが、オムツはいつか必ずはずれます。あまり神経質になりすぎずに、「あせらず、せかさず」に。トイレトレーニング中は、「次、おしっこしたくなったら教えてね」などと、大らかな気持ちで子どもを励ましましょう。

　共働きの家庭は、トイレトレーニングに関わる時期が短くなるので、あせってしまいがちです。そんなときは、保育所に相談し、同じペースではじめてみてはいかがでしょう。保育所ではどんなタイミングで子どもをトイレに行かせているのかを聞いて、同じタイミングを自宅で試す方法もあります。トイレトレーニングは、子どものペースも大切ですが、パパやママの気持ちにゆとりがあることも重要です。休日だけパンツで過ごさせるといった方法もあるのです。

　うんちトレーニングは、おしっこがトイレでできるようになってからはじめましょう。

自尊感情を育てよう

自我が芽生えるということ

　子どもが1歳をすぎて幼児期がスタートするとともに、自己主張するなど自我が芽生えはじめます。親に対する依頼心がある半面、独立心が強くなるため、一方的に自分の要求を通そうとしたり、自分の思い通りに行動したりします。何を言っても「イヤ」と返事をするようになったり、意思を通そうと抵抗して泣いたりわめいたりするようになると、育児をしにくいと感じることもあるでしょう。けれども反抗的な行動は、他人を認めたり、協調できたりするようになるための大切なプロセスのひとつです。

　好奇心も旺盛になる時期なので、引き出しの中身や化粧品などをいたずらすることも増えてきます。この時期は子どもに対して「ダメ！」という言葉を連発してしまいがちですが、多少のことは目をつぶりましょう。ただし、善悪や危険なことを理解しているわけではないので、悪いことは毅然とした態度で「ダメ」と伝えましょう。

第一次反抗期を乗り切るには？

　2歳をすぎると、本格的に反抗期がスタートします。何かにつけ「イヤだ」「自分でやる」と言ったり、「ダメ！」と親にとめられたりすると、よけいに自己主張をしはじめます。自分で何でもやりたがる一方、急に甘えてくるなど親には理解できないことも多く、イライラしてしまいがちです。子どもは、自分の気持ちを言葉で伝えることができなかったり、子ども自身も感情の処理がうまくできていなかったりするので、「イヤだ！」と言ってしまうことを理解しましょう。

　第一次反抗期の対処法で親がやりがちなのは、つい「ダメ！」「勝手にすれば。もう知らない！」と、頭ごなしに叱ってしまうことです。まず「イヤだよね」と子どもの気持ちに共感して、「こうしてみたら」と、やわらかく行動を促してみましょう。

　第一次反抗期とともに親を悩ませるのが、「何で？」「どうして？」と好奇心旺盛に大人を質問攻めすることです。これは6歳くらいまで続きます。パパやママは「また？」と思うかもしれませんが、この時期にきちんと受け応えしておくと知的好奇心をぐんぐん伸ばすことができます。生返事をしたり、「あとでね」などと、先延ばしにしたりするのではなく、できるだけそのときに答えましょう。忙しいときは、「○○ちゃんはどう思う？」「○○をしてから一緒に調べよう」と伝えるといいでしょう。

子どもに伝わる叱り方とは？

　子どもに伝わる叱り方は、年齢によって異なります。3歳くらいまでは、あまり言葉を理解できないので、「○○してはいけないよ！」と言うだけでOKです。4歳以降は、判断力が備わってくるので、なぜしてはいけないかがわかるように話すことが大事です。

　たとえば、友だちとのトラブルは、どうしてそんなことをしたのか理由を尋ねてから、なぜ叩いたりかんだりしてはいけないのかを伝えましょう。独占欲の強い時期は、自分のおもちゃをほかの子どもに貸したりすることができません。自分のものを貸せば、ほかの子のおもちゃを借りられることを伝えて、少しずつ理解させるといいでしょう。感情的になってダラダラと叱っても子どもには伝わらないので効果はありません。ケガや命に関わる行為のときは、その場で、短い言葉でしっかり危険なことを伝えましょう。いくら危険でも、叩くなどの体罰はやめてください。子どもに重大性は伝わりません。

パパやママの子育て支援

発達の遅れが気になったら

乳幼児期の子どもの発達は、個人差があります。まわりの子どもと比べて「遅れているかも？」と心配しても、時間の経過とともに追いついていくことがほとんどなので、心配いりません。

専門家に相談したい、注意しておきたい年齢別の特徴には、以下のようなものがあります。気になる場合は、かかりつけ医、保健センター、子育て支援センター、児童相談所などに相談しましょう。

●１～２歳児の注意したい特徴
・指さしをしない。しゃべれるようになるまでは指さしで大人に要求しますが、それをしない
・名前を呼んだり、声をかけたりしても視線をあわせない、振り向かない
・親に抱っこされるとのけぞったり嫌がったりして、抱きにくい
・２歳をすぎてもほとんど言葉が出ない。または言葉を理解していない、理解しているようだが発語しない

●３～６歳児の注意したい特徴
・３歳をすぎても、ほとんど言葉が出なかったり、単語しか言わなかったりする
・好きなことや限られたものだけに興味を持ち、執着する
・いつもソワソワしたり、動きまわったりして落ち着きがない
・一方的に話をして、相手の話を聞いていない
・不安なときに泣いたり、暴れたりしてパニックになる

子どもも親もストレス対策を

保育所や幼稚園入園など新しい環境になじめないときや、親子だけの閉鎖的な環境に、子どもがストレスを感じることがあります。子どもはストレスを感じても言葉にすることはほとんどなく、表情や行動に表れることが多いようです。幼児期の代表的な子どものストレスサインには以下のようなものがあります。

●あまり笑わなくなった
●指しゃぶりや爪かみを頻繁にする
●保育所や幼稚園に行きたがらない
●友だちに乱暴することが増えた
●髪を引っ張ったり、むしったりする
●急におねしょがはじまった
●急におもらしすることが増えた
●頻繁に手を洗う

出産後すぐの育児期間中や保育所・幼稚園入園時期などは、子どもだけでなく親たちも忙しく、ストレスがたまりがちになります。急に眠れなくなったり、イライラしたり、ふさぎ込むといったことは、誰しも経験することです。

このような親たちの育児中の孤立を防ぎ、不安や負担感を軽くするために、気軽に相談できる「子育て支援センター」が全国の市区町村につくられています。そのほか、保健センターや児童相談所、児童館、一時預かりをしてくれる幼稚園・保育所・認定こども園などもありますから、１人で抱え込まずに、どんどん施設を利用しましょう。

子育てに関する電話による無料相談情報は、290ページに紹介しています。

学童期の成長とかかわり方

学年	入学直後	小学校低学年
	6～7歳頃	7～8歳頃
子どもの成長	子どもたちは新生活への期待に胸をふくらませている一方、学習中心の規則正しい生活に緊張を強いられて疲れ気味です。入学直後は、帰宅後や食事中に眠ってしまうこともめずらしくありません。また、小学校生活の不安やグチをこぼすこともあるので、話を丁寧に聞きましょう。	幼稚園・保育所の延長線上で幼さがぬけない一面もありますが、着実に成長しています。先生の話を聞いたり、1つの課題に取り組んだりすることで、集中力も育まれます。1年生は、自分をよく見せようと自己主張をしがちですが、2年生は集団の中で相手の立場に立ってものを考えられるようになります。
かかわりポイント	子どもの話を聞くときは、「先生の言うことを聞かないからよ」というような、否定的な言い方はしないようにしましょう。親が聞きたいことを質問攻めにするのではなく、子どもが積極的に話すことを優先して。また子どもが不安そうなときは、その気持ちを解消できるように「そうだったのね」と共感しながら話を聞き、心配なときは担任に相談を。	小学校低学年の子どもは、比較的先生や親の言うことをよく聞きます。とはいえ、「あれもこれもダメ」と禁止事項が多いと、萎縮してしまいます。親は、ある程度子どもに任せて、達成感や充実感を味わわせることが大切です。できるだけ子どもに任せ、心配なことはあとでこっそりチェックする程度にしましょう。

● 親のサポートポイント

体の成長は、幼児期に比べてこの時期はゆるやかになります。この頃は、男の子よりも女の子の成長のほうが上まわっていて、成績や学習意欲なども高い傾向にあります。男の子は女の子に比べて、子どもっぽいところがあるので、持ちものや宿題を忘れることも多いようです。こうした心配も、年齢を重ねるとなくなるので、それほど心配はいりません。頻繁に忘れものをする場合は、子どもが次の日の準備をするときに一緒に確認してみてはいかがでしょう。3年生になると、独立心がいっそう強くなるので、一緒に準備するよりも、あとで親がチェックするほうがいいでしょう。

小学校中学年	小学校高学年
9～10歳頃	11～12歳頃

小学校中学年 9～10歳頃

親より友だちとのつきあいを優先するようになり、仲間だけで行動しはじめます。親に対して、乱暴な言葉遣いや口応えなどの反抗的な態度をとるかと思うと甘えてくることも。自分の意見を主張したり、間違っていると思うことに対して意見したりするようになります。勉強については得意・不得意など、学力の差が出るので、中には劣等感をもつ子も。

反抗的な態度は、自我を確立させようとしている成長の証です。親から見ればまだ未熟なので、つい口出しをしがちですが、子どもが自分なりに考え行動しているときには、親はむやみに手を出さずに見守ることが大切です。まだ親の話を素直に聞く年齢ですから、一人前の人間として扱い、子どもと同じ目線で話しかけるようにすると、子どもも素直に話を聞きます。

小学校高学年 11～12歳頃

高学年は思春期への移行時期。男の子は声変わり、女の子は胸が膨らんで初潮を迎えるなど、精神的・身体的に著しく成長する時期です。自我意識と現実のギャップにとまどう子どものいらだちが、生意気で反抗的な態度として表れることも。異性に興味が出はじめるので、体面を気にするようになり、失敗を恐れるなどの羞恥心も出てきます。

友だちと騒ぐなど、まだ子どもっぽい一面もありますが、思春期を迎える高学年は、子ども扱いするよりも大人として対応することが大切です。へ理屈や乱暴な言葉遣いが多くなるので、親もカッとして叱ったり、怒鳴って黙らせたりしてしまうこともありますが、それはまったく効果がありません。言い分をきちんと聞いて、親子の信頼関係を築きましょう。

● **親のサポートポイント**

4～6年生は、大人の入り口に立つ年齢です。自分のことは自分で考え、行動する力が備わってきます。特に女の子の場合は、外見や体型を気にしはじめるので、ダイエットをする子が出てきます。体をつくりあげるこの時期の過度なダイエットは成長の妨げになるので危険です。子どもが体型を気にしているようなら、たんぱく質やカルシウム、鉄分などのバランスに気をつけた食事を心がけたり、子どもと一緒に運動をしてみてはいかがでしょう。思春期に近づく子どもは、親に悩みの相談をしなくなりますが、友人に相談したり、悩みを打ちあけたりしていることもあるので、あまり心配しすぎないことが大切です。

小学校の入学準備

小学校生活をスムーズに過ごすためには

　小学校と、幼稚園・保育所との違いは、活動の中心が遊びから勉強へと大きく変わることです。45分間の授業がはじまり、規則正しい時間割にそって生活します。いままで机に向かう習慣がなかった子どもたちがそれになじむのには、時間がかかるとよくいわれています。けれども最近では、小学校で授業に慣れるような時間をつくるといった対策もされていますから、それほど心配はいりません。

　小学校に入学すると、保護者会やPTAの役員活動など親の関わりが増えます。宿題やプリントの提出物なども多く、何かと親がフォローする必要も。共働きの家庭はこれに加えて、授業が終わったあとの、放課後対策なども加わります。

　幼稚園や保育所とは違って、毎日の送迎がなくなるので楽になる半面、先生から子どもの様子を直接聞く時間がなくなるので、それを不安に思う人も少なくありません。日中の子どもの様子を直接聞く機会が少なくて不安なときは、小学校の連絡帳を活用しましょう。

入学するまでに家庭で準備しておきたいこと

　小学生になると、新しい友だちと新しい環境の生活がスタートします。小学校入学というと読み書きなどの学習面やランドセルなどの道具類の準備に注目しがちですが、それよりも規則正しい学校生活にスムーズに慣れるように、早寝・早起き・朝ごはんといった生活習慣を身につけておくことが重要です。小学校では自分でやることが増えて、心身ともに疲れてしまいがち。親はこの時期のこうした子どもの大きな変化を、生活面で支えましょう。

　そのほか、安全面についても確認しておきましょう。通学路や放課後クラブへの道順を親子で下見しておくと安心です。そのときに道順だけでなく、危険な場所やひとりで行ってはいけない場所など、約束やルールについても親子で確認しましょう。

● 身につけておきたい学習習慣
- 机に向かって勉強できる。
  名前を書く練習など、少しずつ家庭でも机に向かう時間をつくりましょう
- ひらがなの読み書き。
  自分の名前の読み書きは、できるようにしておくと安心
- 自分で持ちものの管理ができる
- 時間を見て行動することができる。
  「長い針が○○になったら準備しよう」といった働きかけを

● 身につけておきたい生活習慣
- 早寝・早起き・朝ごはんの習慣
- あいさつや返事がきちんとできる
- 先生や人の話はきちんと聞ける
- トイレや手洗い、洋服の着脱、脱いだ服をたたむなど、自分のことは自分でできる
- 自分のしたいことは、単語ではなく文章で伝えられる

子どもが思春期を迎えたら

思春期とは

思春期は、身体的な成長・成熟と精神的な発達が進む時期で自立へのプロセスです。この時期は、子ども自身も第二次性徴の体の変化にとまどい、気持ちが不安定になっているので、ささいなことで親とぶつかることも増えてきます。小学校5年生くらいから口数が減り、不機嫌そうにしたり、乱暴な言葉を使ったりして、親と距離をおきはじめます。

男女ともに親子で話すことが少なくなり、友人関係の結束力が強くなるので秘密を共有したりすることも多くなります。親としては気になりますが、よけいな口出しや友人の悪口はNGです。思春期は親から自立するための成長の過程です。けっして親のことが嫌いだから、口応えや乱暴な態度をとっているわけではないことを理解しましょう。

小学校高学年になると、早い子どもでは男女ともに第二次性徴がはじまって、精巣や卵巣が発達する体の変化が起こりますが、この頃は個人差が大きいのが特徴です。男女共に、異性の親に自分の体の変化を知られることを嫌がりますので、あまりかまいすぎず、心と体のケアをしていくことが大事です。

男の子と女の子の体の変化とは？

男の子は身長が伸び、がっしりした体型になるだけでなく、精巣・陰嚢の増大や精通を経験する子どもも出てきます。精通などで下着を汚したりすることもありますが、よけいなことは言わずに見守りましょう。

また異性に興味をもちはじめるので、性的なものへの関心が高まりますが、異性である母親には気づかれたくないことです。あれこれよけいな世話をやくよりも、同性である父親が、折を見て話す機会をつくりましょう。

女の子は胸の膨らみからはじまり、陰毛・わき毛が生えてきます。身長が140〜150cmを超え、11〜13歳くらいになると初潮を迎える子も出てきます。個人差はありますが、身体的な変化がもっとも著しい時期です。

服装や髪型を気にするほか、異性を意識しはじめます。「ニキビ」「太った」という体に表れる変化に敏感なので、こうした特徴を指摘すると傷つくこともあるので注意しましょう。丸みを帯び始めた体型を気にして、ダイエットなどに興味をもつ子どもも。

思春期の子どもと親の関わり

イライラして乱暴な言葉を使ったかと思うと、だんまりして無気力に見えるなど、思春期の子どもの悩む姿に親もとまどうことがあります。

ここで気をつけたいのが、過剰に反応して悩みをしつこく聞き出したり、親自身の価値観を押しつけたりすることです。できるだけ子どもの意思を尊重し、自尊心や自己肯定感をもたせるよう働きかけましょう。ただ、子どものすべての行動を受け入れる必要はありません。暴力や行きすぎた暴言など、逸脱した行為には毅然とした態度で、親の気持ちや理由を伝えましょう。

思春期は近年では社会の変化に伴い、10〜30歳くらいまでを指すようになりました。とはいえ、10代半ばをすぎると、今までの態度が嘘のように、子どもから自然と自分の意見を話すときがやってくるようになるのであせらずに。

Notes & Thoughts

Notes & Thoughts

子どもの様子がおかしいと思ったら

どんなときに病院を受診すべき？

育児中は我が子の様子がちょっと違うだけで不安になるもの。子どもがどんな状態になったら病院へ行くべきでしょうか。以下に子どもの具合が悪いときのサインをまとめました。これらのときは少し注意して子どもの様子を見守りましょう。生後3ヵ月までの37.5℃以上の発熱や、哺乳量がいつもの半分以下になるなどがなければ、基本的にあわてて受診をする必要はありません。

むしろ混んだ病院で長時間待つほうが子どもには負担になることも。たとえば風邪の場合、病院に早く行ったからといって早く治るわけではないのです。家で様子を見て、親が「様子がおかしい」と思ったときに受診しましょう。市販の薬を使ってホームケアをするという方法もあります。右のサイトで子どもにも安心して使える薬を紹介していますので参考にしてください。

『日本OTC医薬品協会 おくすり検索』
https://search.jsm-db.info
(ページ中の「症状を選択する」をクリックすると「小児」用の薬を選ぶ画面が現れます)

ただし、次のような症状が見られるときは重症の病気の可能性もあるので受診しましょう。
● 生後3ヵ月までの発熱（37.5℃以上）
● ぐったりして脱水傾向が明らか
● けいれんが続いたり意識障害がある（救急車を呼ぶこと）
● 呼吸困難や咳のため、眠れない
● 嘔吐を繰り返したり血便が出る
● ケガをして出血が止まらない

■ 子どもの具合が悪いときのサイン ■

BABY
（0歳児）

● 哺乳量がいつもの半分以下
● 泣いているのに、涙が出ない
● うんちやおしっこの回数が増える、または減る
● うんちの色が白っぽい、または赤い
● 耳だれがある
● 体重が増えなくなった
● いつもは寝ている時間なのにグズっている

KIDS
（1歳以上）

● いつも起きる時間になってもなかなか起きない
● 好物なのにあまり食べない、食が進まない
● 声がいつもと違う、かすれる
● うんちが出ない、またはゆるいことが続く
● 1人遊びができずにやたらとまとわりつく
● いつもの寝る時間よりも早く横になりたがる

乳幼児共通

● いつもより元気がない ● 目がとろんとしていたり目やにや充血がある
● 顔色が赤い、または青白い ● 鼻水や咳が出る ● 夜中に何度も起きる

何科を受診すべき？

乳幼児の頃は、何かあったら、まず「小児科を受診しましょう」といわれています。けれども外傷など、小児科で対応できない場合、二度手間になり、親子ともに負担になってしまいます。明らかに内科ではない場合は、以下を参考にして医療機関を探してみましょう。悩むときは小児科を受診してもいいです。小児科は内科から分かれた診療科です。目の病気なら眼科、外傷なら外科など、大人が受診するときの判断と同じと考えてかまいません。

子どもが生まれたら、ぜひ通いやすいところにかかりつけ医を見つけましょう。総合病院は医療設備が整っているというメリットがありますが、曜日によって担当医が変わる施設が多いですし、待ち時間も長い傾向にあります。そのため、特に子どもが小さいうちは、自宅から近いところにかかりつけ医がいると安心です。かかりつけになると、普段の子どもの健康状態や体質、病歴なども把握しているので、その子どもに適切な処置をしてくれますし、子育てや予防接種の相談にものってくれます。

■ 症状別受診科の目安 ■

症状	受診科
骨折	整形外科
外傷	外科・整形外科
乳児湿疹・あせも・水いぼ	皮膚科・小児科
頭をぶつけた	小児科
頭のケガ（ひどく打った場合）	脳外科
おへそ・肛門・消化器のトラブル	小児外科・小児科
おちんちんのトラブル	小児外科・泌尿器科・小児科
耳や指の形・できものなど	形成外科・皮膚科
中耳炎	耳鼻科・小児科
虫さされ	皮膚科・小児科
発達の問題	小児科・保健センター　など

受診のときに何をどう伝える？

受診の際は、健康保険証と診察券・母子健康手帳・おくすり手帳・乳児医療証とともに、熱が出たのなら発熱の経緯などを書いたメモを持っていきましょう。下痢など便に異常のある場合は、オムツごとでいいので便も持参します。

特に赤ちゃんは大人に比べて体温が高く、朝は低めで夕方は高めになるなど、1日の中での変動も大きいもの。そのため元気なときの平熱を、できれば朝晩測って、知っておくといいですね。

一番重要なのは、子どもの「普段の様子」と「今はどうか」の違いを明確に伝えることです。気になる症状はいつから続いているのか、普段の様子とどのように違うのか、体温のほか、食事やミルクの量と回数、おしっこやうんちの様子、夜は眠れているか、遊ぶ元気はあるか、機嫌はどうか、その他、気になる症状などについてを説明しましょう。その場で症状を見てもらえないものや便・嘔吐物などは、動画や写真を撮ったものを持参してもいいでしょう。

発熱のとき、どうする？

発熱のホームケアのポイント

熱は体の防衛反応のひとつですが、親としては子どもが熱を出すたびにドキドキハラハラするものです。ただ熱の高さと病気の重さは必ずしも一致はしません。突発性発疹のように、心配のない病気もあれば、反対に熱が出なくても重い病気の場合もあるからです。注意したいのは全身の状態。熱が高くても機嫌がよく、食欲があるようなら、様子を見てかまいません。

熱の上がりはじめは悪寒がするので、手足が冷たかったり寒そうにしたりしているときは、着ているものやかけているものを1枚増やして。顔が赤くなったり汗ばんできたら、少し薄着にしましょう。無理に冷やさなくてもいいですが、発熱のつらさをやわらげるために冷やすのなら、脇の下や首のまわり、足のつけ根を冷たいタオルや氷枕などで冷やすのがおすすめです。

脱水症状を防ぐために、水分補給はこまめに。水分とともに失われる電解質を補う経口補水液を賢く利用しましょう。

● これは NG
自己判断で解熱剤を使用することは避けましょう。お風呂には入れていいのですが、疲れるので熱いお湯での長風呂はやめましょう。

受診の目安

熱があっても元気で機嫌がよく、水分や食事がとれていればあわてずに、小児科があいているときに受診すれば大丈夫。ただし、以下のような症状のときは、診療時間外でも受診を。
● ぐったりしている
● 生後3ヵ月以下で37.5℃以上の発熱
● 生後4ヵ月以上で眠れないほどの発熱
● おしっこが半日以上出ていない
● 生まれてはじめてけいれんを起こした

子どもの薬について

薬は用量とその使用方法を守って飲ませなければ、効きめを期待できません。とはいえ、眠っているところを起こしてまで飲ませる必要はありません。特に時間を指示されていない場合は、食事のすぐ前に与えるほうが吐くことが少ないでしょう。

できるだけ子どもに薬を飲ませたくないという人もいますが、薬は適量であれば毒にはならないし、体に蓄積されたり、免疫力が落ちたりするものではありません。たとえば、溶連菌感染などで処方される抗生剤については、決められた日数、きちんと飲ませましょう。

風邪のときの薬は、鼻水や咳などの症状をやわらげるために処方されるので、無理に飲ませなくていいものもあります。解熱剤も病気を治すためのものではなく、一時的に熱を下げるためのものなので、子どもが元気なら使わなくてかまいません。けれども、高熱による頭痛や食欲の低下、眠れない状態などが続いて苦しそうなときは、解熱剤を使って熱を下げたほうがいいでしょう。

薬について何か疑問をもったら、自己判断せずに、処方した医療機関や薬局に必ず問いあわせるようにしましょう。

嘔吐したら、どうする？

嘔吐のホームケアのポイント

　大人に比べて、子どもの嘔吐はよく見られる症状です。特に赤ちゃんは、母乳やミルクの飲みすぎや、ちょっとした体の動きなどで吐くことがあります。赤ちゃんの胃の入り口は大人とは機能と構造が違うので、吐きやすい傾向にあるのです。げっぷと一緒に少し吐くこともよく見られます。これは乳児期早期の溢乳といって、比較的よく見られるものなので、その後、機嫌よくいられるようなら心配はありません。

　嘔吐と一緒に発熱や下痢などの症状も見られるときは、風邪や胃腸炎などの病気からくる嘔吐を疑います。以前は、吐き気の強いときは何も食べさせずに水分補給だけでいいといわれていましたが、現在は普通の食事をさせたほうがいいことがわかっています。

　嘔吐や下痢のあとは、3～4時間以内に経口補水液を飲ませはじめましょう。嘔吐がひどいときは、スプーン1杯からはじめて。食事は消化のいいものにします。

　嘔吐後すぐに着替えさせると、ぶり返すこともあります。口のまわりをきれいにしてたて抱きにし、落ち着いてから着替えをさせましょう。また寝ているときは、吐いたものが気道に入らないように、吐き気がおさまってから、背中にクッションを入れるなどして横向きに寝かせるといいでしょう。しばらくは親の目の届くところで寝かせると安心です。

● これは NG

　吐いたあと、すぐにたくさん水分を与えると、刺激でまた嘔吐してしまうことも。吐き気がおさまるまで、様子を見ましょう。

● 嘔吐物への対処

　嘔吐物はウイルスが飛び散らないようにフタつきのゴミ箱やビニール袋に捨てましょう。ウイルス性胃腸炎の場合は、嘔吐物や便から感染します。これらを処理するときは、使い捨てビニール手袋などを使って、捨てられるものは廃棄。カーペットなどは塩素系消毒薬で殺菌を。アルコールではノロウイルスなどの感染力を失わせることはできません。

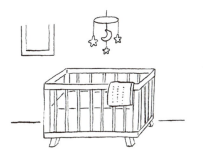

受診の目安

　吐いた回数や量が少なく元気なようなら、家で様子を見ましょう。おしっこの回数がいつも通りで水分がとれているようならあわてないで。授乳後に噴水のように吐いたり、下痢などのほかの症状があっての嘔吐の場合は、診療時間内に受診をして。ただし、以下のような症状のときは、診療時間外でも受診しましょう。

- 高熱が出てぐったりしている
- 頭を打ったあとに複数回嘔吐した
- 10～30分間隔で激しく泣き、血便が出る
- 緑色の液体を吐いた
- 水分を受けつけない

咳や鼻水が出たら、どうする？

咳のホームケアのポイント

　子どもの咳の原因でもっとも多いのが風邪によるものですが、ほかにも気温や湿度の変化、ほこりなどを吸い込んだときにも咳は出るものです。

　月齢の低い赤ちゃんが、授乳のあとに、のどに痰がからんだようなゼロゼロとした音がすることがありますが、これは病気ではありません。赤ちゃんの鼻やのど、気管支の粘膜は敏感で、分泌物も多いので、痰がたまりやすいのです。成長とともにおさまるので、母乳やミルクがよく飲めていれば心配する必要はありません。

　咳をしているときは、子どもをたて抱きにするか、座らせて背中を軽くさすると痰が切れやすくなります。また水分でのどを湿らすとやはり痰が切れやすくなります。空気が乾燥していると咳が出やすくなるので、室内の湿度は50〜60％くらいに保って。

咳があるときの受診の目安

　食欲があって機嫌がよく、咳が徐々に減っていくようなら特に受診の必要はありません。咳がずっとおさまらなかったり、呼吸が苦しくて眠れない、咳の仕方が気になる、といったときは受診を。以下のような症状のときは、診療時間外でも受診を考えて。
- のどに何か詰まったように激しく咳き込む
- 激しく咳き込んで何度も吐く
- 咳で水分がとれない
- ゼーゼー、ヒューヒューという呼吸音がして苦しそう

鼻水のホームケアのポイント

　小さい子どもの鼻の粘膜は敏感なので、ちょっとしたことで鼻水が出やすいのが特徴です。また赤ちゃんは大人よりも鼻腔がせまいので、鼻づまりを起こしやすい傾向があります。できれば鼻水がつまる前に、鼻水吸引器で吸いとりましょう。子どもは上手に鼻をかめないので、ひとつあると便利です。親が使いやすいものを選びましょう。また温めた蒸しタオルを鼻にあてると、鼻の通りがよくなるので、楽になります。咳と同じく、空気が乾燥すると鼻づまりがひどくなりやすいので、湿度は高めに保って。濡れタオルを室内に干すだけでも効果があります。

　特に赤ちゃんの場合、鼻水や鼻づまりのときは、おっぱいやミルクが飲みにくくなります。一度にたくさん与えなくていいので、何回かに分けて授乳しましょう。鼻水のほかに発熱があると脱水症状を起こす可能性があるので、こまめな水分補給も重要です。

鼻水が出ているときの受診の目安

　鼻水が出ていても元気で機嫌がよかったり、食欲があれば様子を見てみて大丈夫。呼吸が苦しそうだったり、おっぱいやミルクが飲めないようなときは受診を。以下のような症状のときは、診療時間外でも受診をしたほうが安心です。
- 発熱や嘔吐、下痢など、ほかの症状もひどい
- 黄色や緑色の鼻水が続く
- 機嫌が悪い
- 食欲がない（おっぱいやミルクが飲めない）
- 苦しくて眠れない

下痢や便秘のとき、どうする？

下痢のホームケアのポイント

　赤ちゃんは消化吸収機能が未発達なので、一時的にうんちがやわらかくなることが多いもの。うんちの回数ややわらかさには個人差があるので、日頃から健康なときの排便ペースを把握しておきましょう。

　子どもが急に下痢をした場合、原因の約80％が細菌ではなく、ウイルス性感染症です。嘔吐のときと同じように、下痢だからといって食事を制限する必要はありません。下痢で体内の水分を奪われがちなので、水分補給はしっかりと。冷たいものや油っぽいものを避け、食事は消化のいいものを様子を見ながら少しずつ与えます。

　赤ちゃんは何度もうんちをするとオムツかぶれをしやすいので、下痢のたびに座浴やシャワーでやさしく洗い流して清潔を保つことを心がけましょう。

下痢があるときの受診の目安

　下痢であっても、元気で水分と食事がとれていれば、家で様子を見ましょう。下痢がおさまらなかったり、回数が多かったり、便が気になるときは受診を。以下のような症状のときは、診療時間外でもすぐ受診を。
- 激しい下痢と嘔吐が続く
- 水分を受けつけない
- 高熱やけいれん、血便がある
- お腹を痛がる様子を見せ、不機嫌
- おしっこの量が減ったり出ない
- 何日も続く

便秘のホームケアのポイント

　便の回数が少ないか、出にくい場合は、便秘かもしれません。排便が週に3回未満だったり、排便の時に痛みや出血があったりしたら便秘です。腸に便がたまりすぎると少しだけゆるいうんちが漏れるのも便秘です。子どもの便秘症のほとんどは、特に原因はない「機能性便秘症」と呼ばれるもので、腸や肛門、ホルモンや神経に何か問題があるわけではなく、一時的に機能が低下しているのです。赤ちゃんだったら、綿棒にベビーオイルやワセリンなどをつけて肛門を刺激します。1歳以上だったら、市販の小児用グリセリン浣腸を使いましょう。生活習慣を改善して、便秘をしないようにしましょう。便意を感じたら我慢せずに排便する、だいたい決まった時間にトイレに座る、食物繊維を摂るといったことです。小児科に行くと浣腸の他に坐薬や何種類か飲む薬を処方してくれる場合が多いでしょう。

便秘があるときの受診の目安

　普段よりうんちの回数が少なくても、機嫌がよく、食事や水分がとれていれば家で様子を見て大丈夫。ただ、以下のように重症と思えるときは、時間外診療を受診しましょう。
- 1週間以上の便秘が何度か続く
- いきんでもうんちが出なくてつらそう
- いきむときにとても痛がる
- 排便のときに肛門が切れた
- お腹が張って苦しそう

子どもの事故を知っておこう

月齢・年齢別の事故について

子どもの死因の上位にあるのが不慮の事故です。これらを防ぐために、月・年齢ごとにどんな事故が起きやすいのかを知っておきましょう。事故の対策は『こども家庭庁 こどもを事故から守る！事故防止ハンドブック』などを参考に。
https://www.cfa.go.jp/policies/child-safety-actions/handbook

月・年齢	起こしやすい事故
0〜3ヵ月	熱いミルクなどによるやけど／吐乳による窒息／車に乗っているときの事故／入浴時の事故／ふかふかの寝具による窒息／赤ちゃんを落とす事故／熱中症／ベビーカーの脱輪による事故
3〜6ヵ月	ドアなどでの指はさみ事故／車に乗っているときの事故／熱いミルクなどによるやけど／タバコの誤飲／小さなおもちゃなどの誤飲／ソファ・ベッドなどからの転落／よだれかけ、衣服のひもなどによる窒息／入浴時の事故／電気毛布や電気あんかなどによる低温やけど／熱中症
6〜9ヵ月	家具の角などによる切り傷・打撲／ソファ・ベッドからの転落／タバコの誤飲／アイロンやストーブなどによるやけど／浴室での事故／階段や玄関からの転落／ポットや炊飯器によるやけど／小さなおもちゃの誤飲／ドアによる指はさみ事故／熱中症／ベビーカーの脱輪による事故
9〜12ヵ月	椅子からの転落／浴室での事故／カミソリなどの刃物による切り傷／タバコの誤飲／ナッツ類による窒息／薬・化粧品・洗剤などの誤飲／小さなおもちゃなどの誤飲／階段や玄関からの転落／ポットや炊飯器によるやけど／車に関連する事故／ドアやサッシなどでの指はさみ／熱中症
1〜2歳程度	ドアやサッシなどでの指はさみ／家具の角などによる切り傷・打撲／ポットや炊飯器によるやけど／ビニール袋などによる窒息／段差による転落／浴槽への転落／アイロンやストーブなどによるやけど／タバコの誤飲／薬・化粧品・洗剤などの誤飲／窓・バルコニーからの転落／食べものやおもちゃなどによる窒息／熱中症／ベビーカーの脱輪による事故／自転車に関する事故／歯ブラシやフォークなどによる事故
2〜3歳程度	マッチやライターによるやけど／ビニール袋などによる窒息／車に関連する事故／薬・化粧品・洗剤などの誤飲／野外での転倒、衝突、溺れなどの事故／遊具に関連する事故／プール、川、海での水の事故／食べものやおもちゃなどによる窒息／窓・バルコニーからの転落／家具の角などによる切り傷・打撲／熱中症／電車の戸袋へのはさまれ事故

ケガをしたとき、どうする？

乳幼児はどんなケガが多い？

子どもは好奇心のかたまりです。そのため、次にどんな行動を起こすか、普段、一緒にいる親でもなかなか予測がつかないもの。子どものケガで多いのは、転倒しての外傷（骨折・こぶ・すり傷、切り傷など）、転落、指はさみ、やけどなどです。それぞれの対処法を簡単に紹介しましょう。

● 転落・転倒

子どもは大人に比べて頭が重く、またバランス感覚も未発達なので、転落や転倒の事故は予想以上に多いと思っておきましょう。転落や転倒したときは、子どもの意識をまず確認し、そのあとで全身の様子を見ます。傷があれば流水で洗い流し、重症であれば受診をします。激しく痛がるときは骨折や脱臼の可能性もあるので、タオルなどで固定して病院へ連れて行きましょう。

転落・転倒を起こさないために、以下のような防止策は必ずしましょう。

- 家の中の段差や階段のある場所、入ってほしくない場所には必ず柵を
- ベランダや窓の近くに踏み台になるようなものは置かない
- 出窓などは開けたままにしない。網戸があっても、そのまま一緒に落下することも
- 自転車のチャイルドシートやベビーカーに子どもを乗せたまま離れない
- 抱っこひもからの転落事故が増加中。前にかがむときは必ず手をそえて

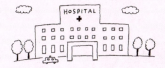

● 指はさみ

子どもの手足は小さいので、「こんなところに？」と思うようなせまいすきまにもはさまれてしまいます。また、手で窓枠を持ったまま、自分で窓を閉めてしまうというようなことも起こります。窓やドアの開け閉めを子どもがするときは、必ずそばにいるようにしましょう。小さいうちは、1人で開け閉めできないよう、防止グッズを取りつけておくと安心です。

自動車のパワーウインドウを上げ下げするときは、必ず子どもを確認してください。電車などに乗るとき、エレベーターやエスカレーターに乗るときなど、自動で動くものには要注意。子どもは抱っこしたり、手をつないだりして、万全の注意をはらいましょう。

● やけど

子どもは好奇心旺盛で何にでも触りたがります。台所にある調理器具はもちろん、炊飯器や土鍋、リビングに置いたアイロンやポットなどの電化製品、熱い飲みものなどは、必ず子どもの手の届かない場所に置くようにしましょう。

やけどをしたときは、すぐに流水で冷やします。衣服を脱がせることより、冷やすことが先決です。10～15分程度、痛みや熱さを感じなくなるまで冷やしましょう。やけどが広範囲におよぶ場合や、目や顔にかけての場合は、すぐに救急車を呼びましょう。

誤飲したとき、どうする？

誤飲を防ぐ基本

赤ちゃんは手でものがつかめるようになると、何でも口の中に入れて、ものの性質を確かめようとします。赤ちゃんのそばには口に入れて困るものは置かないのが基本。寝返りやハイハイ、伝い歩きをするようになったら、行動範囲が広がるので、特に注意が必要です。

赤ちゃんや子どもは直径3.9cmの大きさのものなら、飲み込む危険があります。大きさは右の丸が原寸大ですが、目安としてトイレットペーパーの芯くらいと覚えておきましょう。スーパーボールやミニトマト、飴などの丸いものはのどにつまりやすいので、子どもの手の届くところに置くのは厳禁。ミニトマトやうずらの卵、ぶどうなどは必ず切って食卓に出すようにしましょう。

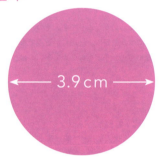

子どもがいる部屋の1m以下の高さに、3.9cmより小さいものを置かないようにしましょう。

誤飲したときの対処

誤飲してしまい、声が出せなかったり、顔色が悪くて苦しそうなときは窒息が疑われます。すぐに救急車を呼びましょう。意識がなければ、心肺蘇生を試みます。意識があれば救急隊が到着するまで以下の応急手当を繰り返しましょう。

● 背部叩打法

乳幼児をうつ伏せにして、1歳未満の場合は股の間から腕を通します。1歳以上の場合はイスやたて膝の上に体を乗せます。片手で子どものあごを支え、もう一方の手のつけ根で肩甲骨の間を強めに叩きます。

● 胸部突き上げ法

背部叩打法で異物を取り除けない場合、1歳未満なら胸部突き上げ法を試します。片方の腕に子どもの背中が乗るように仰向けにし、頭をしっかりと支えます。頭が胸よりも低くなるようにして、もう片方の手の中指と薬指で胸の真ん中あたりを4〜5回圧迫します。

吐かせてはいけない危険なもの

吐かせることでかえって症状が悪化するものもあります。灯油などの石油製品、酸性やアルカリ性の製品、先がとがったものなどは、気管や食道を傷つけたり、症状が悪化したりする危険性があります。たとえば、ボタン電池は食道の粘膜をただれさせ、悪くすると大動脈に穴を開けてしまう危険性も。以下のものを飲み込んでしまった場合は、吐かせずにすぐに救急車を呼びましょう。

- 灯油・ガソリン
- トイレの洗浄剤・塩素系漂白剤
- マニキュア・除光液
- 家庭用殺虫剤
- ボタン電池
- 画鋲、釘、針 など

かかった病気・ケガのリスト

病名	年齢	年　月　日〜　月　日	備考（症状・合併症・お薬のことなど）

かかった病気・ケガのリスト

病名	年齢	年　月　日〜　月　日	備考（症状・合併症・お薬のことなど）

病名	年齢	年　月　日〜　月　日	備考（症状・合併症・お薬のことなど）

アレルギーリスト

アレルギー（食品・成分）	発症年齢	年　月　日〜　月　日	備考（症状・医師の見解・お薬のことなど）

Notes & Thoughts

Notes & Thoughts

Notes & Thoughts

子どもの健康を守る予防接種について

なぜ予防接種を受けるの？

　母親からもらった赤ちゃんの免疫力は、時間の経過とともに弱まり、それとともにウイルスや細菌に感染しやすくなります。あらかじめ、病気と闘うための免疫をつけて、その病気予防の助けとなるのが予防接種です。

　予防接種の対象となる病気は、死亡したり、中には重症化して後遺症を残したりする危険性の高い感染症ばかりです。「感染症は、ワクチンを受けるよりもかかったほうが、抗体が上がるからいい」という人がいますが、予防接種の目的は抗体を上げることではなく、病気で辛い思いをしないこと、合併症や後遺症に苦しまないこと、死なないことです。しっかり免疫がついたとしても例えば髄膜炎になって後遺症が残ってしまっては、良くないのです。ワクチンはどんなウイルス、細菌が来るか前もって教わるようなものです。大きくなって試験を受ける際、模試を受けますね。本当の試験の前に、どのような問題が出るか知っておくとよりよく解けるでしょう。病気もぶっつけ本番でないほうがいいのです。

　予防接種には、定期接種と任意接種があります。定期接種は、予防接種法に基づいて市区町村が主体となって実施するもので、接種対象年齢と期間が定められています。無料で受けられますが、決められた期間をすぎると有料になることもあります。任意接種は、希望する人が受ける接種で、費用は自己負担です（地域によっては助成金制度があるところもあります）。任意とはいえ、日本以外の多くの国では、定期接種になっていますから、ぜひ受けましょう。

　予防接種の最新情報やスケジュールの把握は難しいので、小児科に相談するほか、スマホやパソコン向けのスケジュール管理アプリなどを活用してもいいでしょう。日本小児科学会が推奨する予防接種スケジュールも参考にしましょう。

計画的に予防接種を受けるための準備

1 スケジュールを立てる

　ワクチンの種類によっては、決まった月齢、年齢までしか受けられないものもあります。まずは、医療機関に予約をしましょう。先にスケジュールを立ててから、送られてきた予診票と一緒に病気の説明が簡単に書かれたものがあるはずですから、それを読んだり、KNOW☆VPD のホームページを見たりしましょう。
KNOW☆VPD : https://www.know-vpd.jp/

2 任意接種もしっかり受ける

　任意接種といっても、受けても受けなくてもどちらでもいいというわけではありません。おたふく風邪も重大な合併症を起こす確率は、自然感染のほうがずっと高いので、定期や任意の差に関わらず、ぜひ受けましょう。任意接種のお知らせは、市区町村から届かないので注意しましょう。

3 入所にあわせて優先順位を決める

　保育所に入所するなど集団生活に入ると、感染症にかかった場合は長期間休むことになります。感染力が強い麻疹やおたふく風邪、水ぼうそうなど流行状況によっては早めに受けるということも検討してみては。1 歳未満で入所する場合、麻疹や水ぼうそうの予防接種を受けても母親の免疫が残っていて、抗体ができにくい場合も。受ける時期や抗体検査をするなど、かかりつけ医に相談を。

4 接種の間隔の違いを知る

　注射生ワクチンどうしは、接種後中 27 日以上間隔をあけないと接種できません。それ以外のワクチンの組み合わせでは、前のワクチン接種からの間隔にかかわらず、次のワクチンの接種を受けることができます。間隔をきちんと守って接種できるように計画を立てましょう。スケジュールの立て方や、何を優先するか迷ったときは、かかりつけ医に相談を。

接種前と接種後の注意ポイント

　接種前日は体調を崩さないように、遠出をしたりせずにいつもと同じように過ごしましょう。予防接種は、体調のいいときに受けるのが原則です。当日は、子どもの食欲や機嫌、うんちの状態などをチェックして、体温を測ります。37.5℃以上あるときは、予防接種を受けることはできません。下痢や嘔吐といった症状のほかに、何となく元気がない、いつもより機嫌が悪いなどというときは、風邪の引きはじめということもあります。そんなときは延期することも検討します。判断がつかないときは、問診のときに医師に相談を。

　予防接種を受ける前の食事は、30分前までにすませておきます。必ず診察があるので、服装は着脱のしやすいものを着せましょう。上下が分かれているものや腕をまくらなくてもいい半袖に上着といった服装が便利です。

　また予防接種後30分は、飲食せずに様子を見ましょう。アナフィラキシーショックが一番多いのは、接種直後です。接種後は、30分ほど接種した場所に待機するように言われることもあります。

　当日は、母子健康手帳や健康保険証、医療証、記入した問診票、接種券などを持参します。忘れもののないように用意しましょう。

　注射のあとに貼ってもらったものは、家に帰ったらすぐ取ってかまいません。予防接種当日は、いつもやらないような激しい運動はしないようにしましょう。お風呂は1時間くらいあけたらいつもどおり入ってかまいません。

● 接種後は帰宅
　接種後30分ほど様子を見たあとは、なるべくまっすぐ帰宅しましょう。近所への買い物や散歩などは心配ありませんが、あまり激しく体を動かす外遊びは避けたほうが安心です。

● 注意事項を確認
　ほとんどの予防接種では副反応は見られませんが、まれに副反応が起こることもあります。ワクチンによっては翌日や数週間後に、発熱や接種部位の腫れといった症状が現れることがあります。市区町村で配布されている資料などで、接種後の注意点も必ず確認しましょう。

● 授乳や飲食は30分以上時間をあけて
　接種後すぐの授乳や食事は避けましょう。接種後の飲食は、嘔吐や下痢といった症状が副反応かどうか判断するためにも、30分以上時間をおいて。

● 入浴は接種後1時間以降に
　接種した当日の入浴は、発熱など子どもの体調に変化がなければ、接種後1時間以降であればOK。ただし接種部分は、強くこすらないように注意して。

● 気になる症状があるときは受診を
　接種当日、まれに発熱や接種部位の腫れなど軽い症状が出ることも。心配な場合は接種した医療機関で受診を。

おもな予防接種とワクチンの種類

生ワクチンと不活化ワクチン

　生ワクチンは、生きた病原体の病原性を弱めたもの。体内で免疫を作り、接種回数は少なくても高い効果があります。不活化ワクチンは、免疫をつくるのに必要な成分を病原体から取り出し、可能な限り毒性をなくしたもの。生ワクチンに比べると免疫を作る働きが弱いので、何回か接種して免疫効果を高めます。トキソイドワクチンは、細菌が産生する毒素だけを取り出し、毒性を弱めたもの。何回か接種して免疫を作ります。

　ワクチンは種類によって、予防接種を受けられる間隔が違います。生ワクチンどうしを接種する場合は接種後27日以上間隔をあけなければ次の生ワクチンの接種を受けることができません。それ以外のワクチンの組み合わせでは、前のワクチン接種からの間隔にかかわらず、次のワクチンの接種を受けることができます。

定期接種ワクチンが防ぐ病気

　定期接種ワクチンは、予防接種法によって接種が定められています。基本的に無料ですが、定期接種でも、決められた期間以外に接種する場合は、自己負担になるので気をつけましょう。また、予防接種は個別に郵便で知らせがくる場合がほとんどですが、自治体によって違うので、市区町村に確認しておきましょう。

- ● ロタウイルス
　ロタウイルスは感染力が強く、感染すると急性胃腸炎を発症します。激しい嘔吐と下痢を伴います。悪化すると脱水症状やけいれん、脳炎などの深刻な合併症にかかることも。ほぼすべての子どもが、5歳までに少なくとも1回はかかります。

- ● B型肝炎（水平感染予防）
　B型肝炎は、血液や唾液、汗など体液で感染するので、感染経路はさまざま。子どもの場合は、感染経路が不明のことが多いです。B型慢性肝炎は自覚症状が少なく、肝硬変や肝がんを起こすこともある病気です。

- ● 小児用肺炎球菌
　肺炎球菌は、髄膜炎や肺炎、気管支炎などの原因となる病原菌です。風邪とよく似た症状で進行が早く、赤ちゃんがかかると重症化しやすく治療が困難になることも。

- ● DPT-IPV-Hib（五種混合）、DT（二種混合）
　五種とは、ジフテリア、百日咳、破傷風、ポリオ、ヒブのこと。二種とは、ジフテリアと破傷風のこと。ジフテリアや百日咳、ヒブは、咳やくしゃみなどの飛沫により感染します。ジフテリアは神経や心筋のまひ、破傷風は傷口から感染すると、筋肉の硬直や呼吸まひを、百日咳は呼吸困難を引き起こすこともあります。ポリオは、重症になると手足にまひが残ることも。ヒブはインフルエンザウイルスとは違い、インフルエンザ菌b型のこと。喉頭蓋炎や肺炎、髄膜炎の原因になります。

● BCG

BCGは、結核を予防するワクチン。結核に感染している人からの飛沫感染だけでなく、空気感染もします。初期の症状は風邪に似ていますが、肺結核や、より重症の粟粒結核になることがあります。結核性髄膜炎は重い後遺症を残したり亡くなったりする病気です。

● MR（麻疹・風疹混合）

麻疹は、とてもうつりやすい感染症です。風邪に似た症状の後、発赤疹が全身にできて高熱が続き、約3割に気管支炎、肺炎、脳炎といった合併症を起こします。死亡率は0.1%で、治ってから数年後に亜急性硬化性全脳炎（SSPE）という難病を起こすこともあります。

風疹は、「三日ばしか」と呼ばれることもあります。熱は出ないことがあり、首のリンパ節が腫れ体に発赤疹が出ます。血小板減少性紫斑病、脳症の原因になったり、妊娠初期の女性が感染すると先天性風疹症候群の赤ちゃんが生まれたりすることがあります。

● 水ぼうそう（水痘）

感染力が高い水痘帯状疱疹ウイルスが原因で起こります。飛沫感染、接触感染、空気感染するため感染率が高いのが特徴。37～38℃の発熱後、赤い小さな発疹が現れ、全身に広がります。発疹は、強いかゆみを伴う水ぶくれとなります。通常は10日ほどで治りますが、重症化することも。

● 日本脳炎

日本脳炎は、病気に国名がついていますが日本以外でも東南アジアや東アジアで、ウイルスを持った蚊が媒介して起こる病気です。不顕性感染が多いものの、脳炎になると重い障害が残ったり亡くなったりすることがあります。多くの自治体で3歳以上に勧められていますが、生後6ヵ月から受けることができます。保健所に問い合わせると3歳未満でも予診票をもらえ、受けることができます。

● HPV（ヒトパピローマウイルス）

HPVは、性交渉の経験のある人の90％が感染を経験します。ほとんどが無症状のうちに治りますが、一部の人が数年以上をかけて徐々にがんに進行します。2価は子宮頸がんになりやすいタイプのHPVを予防しますが、4価と9価は肛門がんや尖圭コンジローマの予防に効果があります。HPVワクチンは世界中の国々で定期接種で、その半分くらいの国で男女ともに受けます。

おもな予防接種とワクチンの種類

任意接種ワクチンの種類

任意接種ワクチンは希望者が受ける予防接種です。費用は自己負担になります。任意とはいえ、子どもがかかると重症化したり、後遺症を残したりする病気が対象になりますので、ぜひ受けましょう。地域によっては助成があります。任意接種は市区町村からのお知らせがこないことが多いので、かかりつけ医に相談しましょう。

- **インフルエンザ**
  インフルエンザは感染力の非常に強い病気。高熱や関節痛、頭痛などの症状が現れます。気管支炎や肺炎、中耳炎などの合併症を引き起こすことも。合併症の中でも恐ろしいのがインフルエンザ脳症で、脳に後遺症が残るだけでなく死亡することがあります。

- A型肝炎
- 髄膜炎菌
- 新型コロナウイルス

- **おたふく風邪（流行性耳下腺炎）**
  おたふく風邪の原因のムンプスウイルスは、くしゃみや咳といった飛沫感染、または接触感染をします。発症するまでの潜伏期間は2～3週間。発熱のほか、耳の下が腫れて痛みを伴うことがありますが、1週間ほどでおさまります。200～300人に1人の割合で難聴に、100人に2人の割合で無菌性髄膜炎を起こすことも。

副反応について

予防接種は、弱毒化した病原体やその一部、毒性を弱めた毒素を使って、感染症に似せた状態により免疫を作るので、何らかの反応が現れるのは自然なことです。これを副反応といいます。予防接種というと副反応を心配する人が多いですが、ほとんどが軽い症状でおさまるので過度に心配する必要はありません。

一番多いのが発熱や接種部位の腫れですが、1～2日ほどで回復することがほとんどです。中には、予防接種の副反応か風邪の症状かの見分けがつかないこともあります。どちらが原因かわからないときは、かかりつけ医に相談しましょう。

予診票に書いてある副反応を読んで怖くなったという人もいますが、そういった症状よりも感染症になったときに合併症として起こる危険性のほうが高いのです。心配であればかかりつけ医に相談しましょう。

● 参考文献

『はじめての妊娠・出産 安心マタニティブック』クリスティーン・ハリス著、竹内正人監修（永岡書店）

『月別の妊娠できごと事典』
A. アイゼンバーグ、H.E. マーコフ、S.E. ハザウェイ著、井上裕美、星野妙子監訳（メディカ出版）

『はじめての妊娠＆出産オールガイド』竹内正人監修（新星出版社）

『産婦人科医ママの妊娠・出産パーフェクトBOOK』宋美玄（メタモル出版）

『女医が教える これでいいのだ！ 妊娠・出産』宋美玄（ポプラ社）

「妊産婦のための食生活指針」厚生労働省

「女性にやさしい職場づくりナビ」厚生労働省委託 母性健康管理サイト

「乳幼児身体発育調査報告書」厚生労働省

『のびのび育児百科』細谷亮太監修（法研）

『育児新百科』松井潔監修（ベネッセコーポレーション）

『産婦人科医ママと小児科医ママのらくちん授乳BOOK』宋美玄、森戸やすみ（内外出版）

「授乳・離乳の支援ガイド」厚生労働省

「子どもたちの口と歯の質問箱」日本小児歯科学会

『小児科医ママの「育児の不安」解決BOOK』森戸やすみ（内外出版）

『祖父母手帳』森戸やすみ監修（日本文芸社）

『管理栄養士パパの親子の食育BOOK』成田崇信（内外出版）

「母性保護や両立支援に関わる主な制度」厚生労働省

「仕事と家庭の両立支援制度」厚生労働省

「子ども・子育て支援新制度について」内閣府子ども・子育て本部

『赤ちゃんライフ 月例別 心をはぐくむ育児』馬場一雄（主婦と生活社）

『ノーマルチャイルド』R.S. イリングワース著、山口規容子訳（メディカル・サイエンス・インターナショナル）

『子ども医学館』（小学館）

『お母さんに伝えたい子どもの病気ホームケアガイド』日本外来小児科学会編著（医歯薬出版）

「こどもを事故から守る！事故防止ハンドブック」こども家庭庁

「日本の定期／任意予防接種スケジュール」国立感染症研究所

Notes & Thoughts

Notes & Thoughts

Notes & Thoughts

Notes & Thoughts

Notes & Thoughts

大人になったあなたへ

To _____

FROM _____

監修　森戸やすみ

小児科専門医。1971年東京生まれ。私立大学医学部卒。一般小児科、NICUなどを経て、現在は、どうかん山こどもクリニックに勤務。2000年生まれと2006年生まれの女の子がいる。

妊娠期から12歳までをつづる
12年母子手帳 [日付フリー式]

発行日　2017年9月20日　第1刷
　　　　2024年9月20日　第3刷

Supervisor	森戸やすみ
Illustrator	森 絵麻
Book Designer	林 あい（FOR）
Publication	株式会社ディスカヴァー・トゥエンティワン
	〒102-0093　東京都千代田区平河町2-16-1 平河町森タワー11F
	TEL　03-3237-8321（代表）
	FAX　03-3237-8323
	https://www.d21.co.jp
Publisher	谷口奈緒美
Editor	大山聡子
編集協力＆DTP	株式会社メディア・ビュー
（P26〜32、P274〜331）	橋本真理子　酒井範子
Proofreader	株式会社鷗来堂
Printing	日経印刷株式会社

・定価はカバーに表示してあります。本書の無断転載・複写は、著作権法上での例外を除き禁じられています。インターネット、モバイル等の電子メディアにおける無断転載ならびに第三者によるスキャンやデジタル化もこれに準じます。

・乱丁・落丁本はお取り替えいたしますので、小社「不良品交換係」まで着払いにてお送りください。

・本書へのご意見ご感想は下記からご送信いただけます。
　https://www.d21.co.jp/inquiry/

ISBN978-4-7993-2119-5
©Discover,2017, Printed in Japan.